Monika Rahimi

Tauchen ohne Angst

Monika Rahimi

TAUCHEN
ohne Angst

Der Mental-Ratgeber für sicheres
Tauchen

Die Deutsche Bibliothek –
CIP-Einheitsaufnahme

Rahimi, Monika

Tauchen ohne Angst : Der Mental-Ratgeber für
sicheres Tauchen / Monika Rahimi. –
München ; Wien ; Zürich : BLV, 1997
   ISBN 3-405-15141-4

Bildnachweis

Umschlagfotos: Waltraud Binanzer (Vorderseite),
Winfried Persinger (Rückseite)
Umschlaggestaltung: Sander & Krause, München

Seite 2: Waltraud Binanzer

Grafiken: Jörg Mair

Lektorat: Edith Ch. Kiel

Layout: Manfred Sinicki

BLV Verlagsgesellschaft mbH
München Wien Zürich
80797 München

DTP-Satz: Sabine Wittmann, München

Druck und Bindung: Manz AG, München

Gedruckt auf chlorfrei gebleichtem Papier

Printed in Germany · ISBN 3-405-15141-4

**Monika
Rahimi,
geb. 1955,**
interessierte sich schon in ihrer Jugend für
Sport und Psychologie. Als sie mit 20
Jahren tauchen lernte, wußte sie, daß sie
ihren Traumberuf gefunden hatte.
1977 nahm sie an einem Tauchlehrer-
assistentenkurs in Calella de Palafrugell
an der Costa Brava teil. Dort blieb sie
1977 und 1978 als Assistentin, bevor
sie 1979 Tauchlehrerin wurde.
Als hauptberufliche Tauchlehrerin führte
ihr Weg in den Sudan, auf die Malediven,
die Philippinen, nach Kuba und in die
Dominikanische Republik. 1994/95
organisierte und leitete sie für einen deut-
schen Tauchreiseveranstalter Sonderreisen
in Nord-, Mittel- und Südamerika. Seit
1996 ist sie im indonesischen Raum
unterwegs. Mittlerweilen kann die
Autorin auf etwa 8000 Tauchgänge
zurückblicken.

Inhalt

Zu diesem Buch

Schreiben ist unvorstellbar schwer! Glaubt mir, Tauchen ist wesentlich einfacher. Es hat micht stets mehr Überwindung gekostet, mich auf meinem gemütlichen Bett bäuchlings auszustrecken, um ein paar Zeilen zu Papier zu bringen, als mich an einem regnerischen Tag in den feuchtkalten Neoprenanzug zu zwängen.

Euphorischer Glücksrausch, wenn einige Seiten gut gelungen schienen. Dann wieder Leere im Gehirn, durchgestrichene Sätze, Strichmännchen und geometrische Figuren auf dem weißen Papier statt literarischer Geistesblitze. Mit einem Wort: Frust! Wie oft wollte ich mein Werk zerreißen, versenken oder in eine fremde Galaxie verbannen: Ich bin Tauchlehrerin und keine Schriftstellerin. Warum tue ich mir das an? Dennoch habe ich mich immer wieder durchgerungen, weiterzuschreiben. Weil dieses Buch wichtig ist für jedes vernunftsorientierte und emotionsbeladene Wesen, das ans Tauchen denkt und es lernen will, einmal getaucht hat, bereits tauchen kann oder es abscheulich findet, tauchsüchtig ist, Angst vor dem Tauchen hat oder es lehrt.

Erwartet kein Tauchtheorie-Buch im üblichen Sinne, in dem es um Physik, Medizin oder Technik geht. Im Gegenteil, ich habe mich bemüht, gerade das wegzulassen, was in allen anderen Fachbüchern und Lehrschriften steht, um Platz zu schaffen für das, was noch nicht gesagt worden ist.

TAUCHEN OHNE ANGST widmet sich lediglich zwei Themen, die ich als die zwei großen »A« bezeichne. Und wie das »A« als Anfangsbuchstabe in unserem Alphabet wohl die prägnanteste Rolle spielt, so sind die beiden großen »A« die Voraussetzung für sicheres, genußvolles Tauchen. Verwunderlich ist, daß diese beiden Themen in Theoriebüchern sowie in der praktischen Tauchausbildung entweder total ignoriert oder nur ganz am Rande bedacht werden. Es geht um **A**temtechnik und um **A**ngstbewältigung.

Obwohl es in unserem Leben und somit auch beim Tauchen nichts Wichtigeres gibt als unsere Atmung, denken wir kaum über sie nach. Die meisten Taucher – auch die Könner – atmen falsch. Sie gehorchen den instinktiven Reflexen des Landlebewesens, die die Technik der Tauchausrüstung einfach nicht berücksichtigen. »Wie soll man beim Tauchen atmen?« Im allgemeinen lautet die Antwort: »Ganz normal.« Die Frage ist nur, was bedeutet unter Wasser »ganz normal«? Wir begeben uns in ein für den Menschen vermeintlich lebensfeindliches Element und tun etwas absolut Tödliches: Wir atmen unter Wasser. Solange wir unseren Verstand, vor allem aber unser Unterbewußtsein nicht davon überzeugt haben, daß wir dieses Abenteuer unbeschadet überstehen, verspüren wir Angst. Wäre es nicht ratsam, dieser Angst auf den Grund zu gehen? Anstatt sie zu verdrängen oder auszuleben, sollten wir lieber darangehen, sie zu begreifen, denn nur so können wir Angst abbauen.

Da die meisten Ängste zu Beginn eines Taucherdaseins auftreten, habe ich in meinem Buch oft den Dialog mit dem Tauchanfänger gewählt. Es ist die Art, wie ich gewöhnlich meinen Schülern das Tauchen erkläre. Betrachtet dieses Zwiegespräch als stilistisches Mittel, aber auf keinen Fall als Anleitung zum Selbstunterricht. Tauchen lernen solltet ihr nur bei einem qualifizierten Tauchlehrer!

Auch ist TAUCHEN OHNE ANGST nicht nur für den Tauchanfänger gedacht. Dieses Buch ist geschrieben für

- jeden, der gerne tauchen würde, aber meint, er könne es nicht, weil er Angst habe oder wasserscheu sei;
- den Tauchanfänger, damit er seine Ängste verstehen lernt und mit einer natürlichen Atemtechnik von Anfang an sicher und entspannt taucht;
- den »fertigen« Taucher, der mit dem neuen Wissen sein Landverhalten korrigieren kann, um ein echtes Wasserwesen zu werden, zumindest so lange, wie die Flaschenfüllung reicht;
- den furchtlosen Könner, der nach der Lektüre die Ängste seines weniger erfahrenen Tauchpartners besser einschätzen kann.

Besonders aber würde es mich freuen, wenn einige Tauchlehrer Nutzen aus meiner rund zwanzigjährigen Erfahrung ziehen könnten.

An dieser Stelle möchte ich alle Frauen um Verständnis bitten, daß im folgenden fast ausschließlich von Tauchern in der maskulinen Form die Rede ist. Ich bin der Meinung, ein ständiges »Taucher und Taucherin«, »Taucher/in« oder »er/sie« stört den Rhythmus des Geschriebenen und ermüdet beim Lesen. Ansprechen möchte ich natürlich Taucher und Taucherinnen, Beginner und Beginnerinnen, Tauchlehrer und Tauchlehrerinnen. Betrachtet die Begriffe einfach als Grundform, ohne jegliche Geschlechtszuordnung. Da ich selbst eine Frau und Taucherin bin, werdet ihr mir wohl kaum Macho-Allüren vorwerfen können oder die Absicht, Frauen diskriminieren zu wollen.

Einige Noch-nicht-Taucher mag es wundern, daß sie in einem Sachbuch mit einem lockeren und vertrauten »Du« angesprochen werden. Doch alle Taucher duzen sich, ungeachtet des Alters, Rangs oder Namens. Das soll keine Respektlosigkeit sein. Vielmehr ist es ein Zeichen der Kameradschaft und Verbundenheit, schließlich ist man unter Wasser aufeinander angewiesen. Ein »Herr Oberstudienrat, würden Sie mir bitte Ihre alternative Luftquelle reichen, mein Atemregler hat versagt« ist beim Tauchen fehl am Platz. Deshalb mein Angebot, daß wir uns duzen – einverstanden?

Am Ende des Buches sind kurz die drei wichtigsten Themen aus Physik und Medizin erläutert: Boyle-Mariottesches Gesetz, Barotraumen und Dekompressionskrankheit. Dieses Kapitel stellt keine wissenschaftliche Abhandlung dar und erhebt keineswegs den Anspruch auf Vollständigkeit. Ausführlich werden diese wichtigen Themen in Tauchfachbüchern oder Lehrbüchern behandelt. Dieser Abschnitt dient lediglich zum schnellen Nachschlagen und als leichtverständliche Erklärung der im Text vorkommenden Begriffe.

Auch liegt es nicht in meiner Absicht, mich mit fremden Federn zu schmücken. Die natürliche Atemtechnik entspringt nicht meinem Gedankengut. Diese Technik basiert auf Lutz Hagemanns Lehre vom Tauchen ohne Blei. Leider konnte Lutz seine teilweise genialen Überlegungen nie einer breiteren Öffentlichkeit schmackhaft machen. Nur ein kleiner Kreis von Tauchlehrern ist vertraut mit der speziellen Atemtechnik.

Soweit ich weiß, sind die meisten dieser Tauchlehrer (auch ich) von dem total »bleifreien« Tauchen abgekommen. Dennoch ist das bleifreie Tauchen die perfekteste Lehrmethode, die ich kenne. Nur einem physisch und psychisch absolut entspannten Taucher gelingt es, ohne Bleigewichte abzutauchen und unten zu bleiben. Diese Methode ließe sich somit sehr gut als Therapie anwenden, um zu lernen, körperlich und seelisch total loszulassen. Das Tauchen ohne Blei hat nur einen Nachteil: Ein Tauchlehrer in einer kommerziell geführten Tauchschule hat einfach nicht die Zeit, mit jedem einzelnen Schüler tagelang nur atmen zu üben. Außerdem möchte der Tauchschüler während seines knappen Urlaubs auch einmal »richtig« tauchen und die Unterwasserwelt mit ihrer Fauna und Flora sehen und erleben.

Fast alle Tauchlehrer aber, die mit dem Ausbildungssystem von Lutz Hagemann in Berührung gekommen sind, haben eines beibehalten: die natürliche Atemtechnik und das Atmenzeigen mit der Hand. Die natürliche Atemtechnik ist ein unschätzbares »Werkzeug« für den Tauchlehrer und ein Segen für den Tauchschüler. Wie bei vielen genialen Erkenntnissen verblüfft diese Technik durch ihre Einfachheit und offensichtliche Logik.

TAUCHEN OHNE ANGST ist keine Darstellung eines einseitigen Fokus. Dieses Buch ist das Ergebnis aus neun Jahren herkömmlicher Lehrmethode, zwei Jahren »bleifreien« Tauchens und weiteren neun Jahren des Versuchs, ein einfaches, aber wirkungsvolles Ausbildungprinzip zu entwickeln, das auch ängstlichen Menschen streßfreies und sicheres Tauchen ermöglicht und weder Tauchschüler noch Tauchlehrer überfordert.

Meine Lehrmeister waren Hunderte von Tauchschülern, mein Vorlesungsraum das Wasser. In diesem Buch findet ihr keine theoretischen Spekulationen oder wissenschaftliche Analysen. TAUCHEN OHNE ANGST ist Tauchpraxis auf den einfachsten Nenner gebracht.

Monika Rahimi

Tauchen mit Leib, Seele und Verstand

Ein Mensch besteht nicht nur aus seinem Körper und ein Taucher nicht nur aus Preßluftflasche, Tauchcomputer und sonstiger Technik. Der Mensch besteht auch aus Geist und Seele, sprich, er wird von seinem Verstand und seinen Gefühlen bestimmt.

»Ganzheitlich« ist ein Begriff, der in den letzten Jahren immer mehr Verwendung findet. Wir hören von ganzheitlicher Medizin, Physik, Weltanschauung. Selbst beim Leistungssport hat man erkannt, daß körperliche Hochleistung von seelisch-geistigem Wohlbefinden nicht zu trennen ist. Wieso wird dann gerade beim Tauchsport hauptsächlich bis ausschließlich Wert auf körperliche Verfassung, modernste Technik und die Kenntnis physikalischer Gesetze gelegt?

Der Körper eines Tauchers wird mit technischen Hilfsmitteln zum Pseudofisch umfunktioniert und unterliegt damit bestimmten physikalischen Gesetzen. Einerseits kommt der Verstand mit dem »Technofisch« ganz gut klar, schließlich sind ihm Vorstellungen von tonnenschweren Metallgebilden, die fliegen können, auch vertraut. Allerdings schaltet der Verstand im fremden Element auf Sparflamme; er gibt den unterbewußten Gefühlen mehr Raum. Andererseits läßt das Unterbewußtsein sich aber nicht so einfach von dem Pseudofischdasein überzeugen. Das Verständnis für die Abstraktion der Technik geht ihm total ab. Es klammert sich an einprogrammierte Verhaltensmuster, die auf dem entwicklungsgeschichtlichen Erfahrungsschatz des Menschseins basieren. Somit tut der Taucher aus der Sicht des Unterbewußtseins etwas absolut Tödliches: Er atmet unter Wasser. Zudem schwebt er in einer Stellung, in der er jeden Moment auf die Nase fallen müßte.

Kein Wunder, daß das Unterbewußtsein Angst um seinen Landmenschen hat. Als Folge dieser Besorgnis zwingt es den Taucher zu Rettungsmaßnahmen, die unter normalen atmosphärischen Bedingungen sinnvoll wären. Im wesentlich dichteren Element Wasser, unter veränderten physikalischen Bedingungen und mit Technik im Mund stößt der Taucher damit jedoch auf Widerstand. Da der logische Verstand das unbewußte Fehlverhalten oft nicht versteht, ignoriert er die Ängste oder interpretiert sie falsch.

> *Die psychische Belastung, die aus dem Mißverständnis zwischen Verstand und Unbewußtem resultiert, drückt sich im physischen Bereich in einem widernatürlichen Atemrhythmus und einer Verspannung des Körpers aus.*

Körper, Verstand und Gefühle sind eine Einheit. Als Ganzes machen sie den Menschen aus. Fügt man etwas Technik hinzu, wird aus dem Landlebewesen ein Taucher. Alle drei Aspekte – Körper, Verstand, Gefühl – stehen in einer Beziehung zueinander und beeinflussen sich gegenseitig. Auftretende Ängste (Gefühlsebene) veranlassen die Muskeln (Körperebene), sich zu verkrampfen und zwingen zu einer hektischen Atmung. Die Verstandesebene ist ausgeschaltet. Doch umgekehrt können ein bewußt entspannter Körper und eine ruhige, natürliche Atmung von Ängsten befreien; der Verstand wird wieder aktiviert. Daraus ist zu erkennen, daß als Vermittler immer der Verstand eingesetzt werden muß, damit der »ganze« Mensch begreift, daß er unbewußte Ängste verspürt. Weiß der Taucher erst einmal, was in seinem Unterbewußtsein vor sich geht, vermag er den unter Wasser sinnlosen Reflexen eines Landlebewesens entgegenzuwirken. Bewußt kann er sich nun ein wassergerechtes Verhalten aneignen. Nur dann fühlt er sich wirklich wie »ein Fisch im Wasser«.

> *Sobald die Angst verstandesmäßig erkannt wird, läßt sich ihr entgegenwirken.*

Bei der allgemeinen Tauchausbildung wird den unbewußten Emotionen soviel Interesse gewidmet wie dem linken Füßling der Ausrüstung. Man nimmt zur

14

Kenntnis, daß Ängste beim Tauchen existieren; das tut der linke Füßling auch. Es gibt kein Übungsprogramm und kein Kapitel in einem Theoriebuch, wie man sich einen linken Füßling anziehen soll. Ebensowenig gab es bisher eine konkrete Anleitung, wie man unbewußte Ängste und daraus resultierende Verhaltensmuster schnell und erfolgreich in den Griff bekommt.

Zugegeben, es ist nicht erforderlich, einen linken Füßling zu tragen. Es ist auch nicht nötig, beim Tauchen die Ängste abzulegen: Ein Großteil der Taucher genießt seinen Sport verspannt und mit einer unnatürlichen Atmung. Mit der Zeit, wenn sich das Unterbewußtsein auf das Abenteuer Pseudofisch eingestellt hat, werden die Ängste ohnehin reduziert. Der Taucher kann sich dann besser entspannen. Die Atmung wird flacher und ruhiger, wenn auch selten »normal«. Aber weshalb soll nicht jeder Tauchschüler von Anfang an lernen, mit einem natürlichen Atemrhythmus entspannt und angstfrei zu tauchen? Warum soll nicht ein »fertiger« Taucher sein Landlebewesen-Verhalten korrigieren, um zu einem echten Wasserwesen zu werden, solange die Preßluft reicht?

Das macht nicht nur mehr Spaß, es ist auch sicherer. Denn Ängste können das Sprungbrett zur Panik sein. Und Panik unter Wasser ist gefährlicher als ein kalter linker Fuß.

Schutz und Gefahr zugleich: Angst

»Mit der Maske bekomme ich bestimmt Platzangst.«
»Und was soll ich tun, wenn ein Hai kommt?«
»Tauchen? Ich, nie!!! Ich habe Angst vor der Tiefe.«
Solche und ähnliche Sätze höre ich immer wieder, wenn ich versuche, Menschen für den Tauchsport zu gewinnen. Was steckt hinter diesen Aussagen? Angst, natürlich. Aber ist es wirklich die Angst vor der Maske, dem Hai, der Tiefe? Natürlich nicht!
Hat dir schon einmal jemand erzählt, er bekäme Platzangst, wenn er eine Schutzbrille zum Ski- oder Motorradfahren tragen muß? Mir noch nicht. Auch ist beispielsweise die Möglichkeit, auf den Malediven von einer Kokosnuß erschlagen zu werden, um ein Vielfaches größer, als von einem Hai angefallen zu werden. Trotzdem hat mich noch kein Urlauber gefragt, was er tun soll, wenn er unter Kokospalmen spaziert. Da gefällt mir die Ausrede von der Tiefe schon besser, aber nur, wenn die »Tiefe« als Synonym für das Unbekannte zu verstehen ist. Denn als Taucher begeben wir uns in ein fremdes Element, für das wir physiologisch nicht ausgestattet sind, und wir begegnen Lebewesen, deren Verhaltensmuster wir weder kennen noch einschätzen können.
Die Ängste beim Tauchen lassen sich in zwei Gruppen aufteilen. Die einen nenne ich Verstandesängste, die anderen Gefühlsängste.

Verstandesängste

Sie entstehen zum einen durch real existierende Gefahren, zum anderen durch unsere Phantasiegespinste. Ängste, die auf real existierenden Gefahren basieren, sind durchaus positiv und notwendig, schützen sie uns doch vor unbedachten Handlungen. Ohne diese Ängste wären unsere Überlebenschancen äußerst gering, egal ob im täglichen Leben oder beim Tauchen.

Tauchen ist nicht ungefährlich – das hat es mit dem Leben als solches gemeinsam –, und dies soll auch nicht verschwiegen werden. Wir haben es im Tauchsport mit Dekounfall, Barotrauma, Tiefenrausch, Gasvergiftungen oder dem Ertrinken zu tun. Erschreckend, zugegeben. Aber nicht minder erschreckend können die Folgen eines Verkehrsunglücks oder eines Unfalls im Haushalt sein. Hättest du keine Angst vor Autos, würdest du unachtsam über jede Straße laufen. Hättest du keine Angst vor einem Dekounfall, würdest du dich nicht um Nullzeit und Aufstiegsgeschwindigkeiten kümmern. Du solltest diese Ängste als deine Beschützer schätzen, aber sie nicht zu Tyrannen werden lassen, die dir den Schweiß auf die Stirn treiben und das Herz rasen lassen.

Es gibt aber noch andere Verstandesängste, die ganz und gar nicht nützlich sind. Sie entstehen durch unsere Phantasie. Aus Mangel an richtigen Informationen und realen Erfahrungen produziert die Phantasie einen Film. Sie ist da nicht wählerisch in der Selektion ihres Materials. Schlagzeilen aus der Zeitung, unverstandene Fakten aus einem Tauchtheorie-Buch, unangenehme Erinnerungen (vielleicht hast du beim Schwimmen einmal Wasser in die Nase bekommen), gewürzt mit einem Schuß »Weißer Hai« und schon ist ein Steven-Spielberg-gerechter Horrorstreifen fertig. Läßt du dieses Filmwerk nun oft genug in deinem Kopf ablaufen (am besten vor dem Einschlafen), brauchst du dich nicht zu wundern, daß dir flau im Magen wird, bevor du auch nur eine Zehe ins Wasser gesteckt hast.

Gefühlsängste

Was unterscheidet nun die Gefühlsängste von den oben beschriebenen Verstandesängsten? Verstandesängste entstehen im Bewußtsein, lassen sich mit dem Verstand erfassen und mit Worten erklären. Gefühlsängste hingegen kommen aus dem Unterbewußtsein. Du reagierst ängstlich und verkrampft, ohne eine rechte Erklärung dafür zu haben.

Beim Tauchen lassen sich die meisten Ängste darauf zurückführen, daß du unbewußt das vertraute Landverhalten mit ins Wasser nimmst und damit in dem viel dichteren Element nicht zurechtkommst. Oft werden diese Gefühlsängste gar nicht erkannt. Der Anfänger verkrampft seinen Körper bei den ersten Tauchversuchen, gewöhnt sich daran und betrachtet diesen angespannten Zustand später als normal. Beim Checktauchgang hat mir schon manch ein »angstfreier« Taucher die Finger bei der Wechselatmung zerquetscht und die Zähne fast eingedrückt, danach jedoch versichert: »Ich war ganz locker.«

Unter normalen Bedingungen können auch die Gefühlsängste als Schutzmechanismen wirken, denn oft warnt uns unser Unterbewußtsein vor Gefahren, die wir bewußt nicht erkennen können. Unser Unterbewußtsein zwingt uns jedoch, uns in Krisensituationen wie Landlebewesen zu verhalten. Da wir unter Wasser veränderten physikalischen Gesetzen unterliegen, kann das fatale Folgen haben.

> *Unbewußt wird das Landverhalten mit ins Wasser genommen und führt zu Fehlreaktionen.*

Ängste in den Griff bekommen

Wenn du als Anfänger (oder auch schon etwas fortgeschrittener Taucher) Angst vor dem Tauchen hast, ist das völlig normal. Du bist eben nicht als Fisch geboren. Also komme nicht auf den dummen Gedanken, dich deshalb zu schämen. Lerne lieber, deine Ängste in den Griff zu bekommen! Hier zwei weitverbreitete Methoden, mit Ängsten umzugehen:

1. Man verleugnet oder verdrängt die Ängste. Oft gelingt diese Maskerade so perfekt, daß man am Ende selbst an seine Furchtlosigkeit glaubt. Nur der Körper läßt sich von diesem Versteckspiel nicht täuschen. Auch noch so geschickt verborgene Ängste zeigen sich in dessen Verkrampfung.

2. Man identifiziert sich mit den Ängsten und räumt ihnen die Macht ein, einen zu beherrschen. Dabei verzichtet man auf Erfahrungen und Lebensfreude zugunsten der Ängste. Kann oder will man eine furchteinflößende Situation nicht umgehen, handelt man zaghaft und verspannt.

Beide Möglichkeiten, mit den Ängsten umzugehen, lassen sich zwar oft nicht ohne weiteres vermeiden, sind aber keineswegs erstrebenswert. Besser ist es, wenn wir nach den Wurzeln unserer Ängste forschen. Ist eine Angst begründet, weil wir uns tatsächlich in Gefahr begeben, können wir durch vernünftiges Handeln und entsprechende Vorsicht die Lage und somit auch die Angst entschärfen. Viele Ängste aber, insbesondere wenn wir uns mit etwas Unbekanntem auseinandersetzen müssen, sind unbegründet. Haben wir dies erst einmal erkannt, ist es leicht, sie zu beseitigen.

Werde dir zunächst einmal klar darüber, daß eine unbekannte Sache, zum Beispiel das Tauchen, nicht gefährlicher sein muß als eine bekannte Sache, zum Beispiel das Autofahren. Beim Tauchen ist das Risiko für deine Gesundheit und dein Leben wesentlich geringer, als wenn du in ein Auto steigst. Selbst wenn die Technik beim Tauchen versagt, was bei gewissenhafter Wartung und Prüfung der Ausrüstung selten vorkommt, kannst du nahezu jede Situation meistern, vorausgesetzt, du bist gut ausgebildet und verhältst dich vernünftig. Ein Außenstehender kann dir keinen Schaden zufügen, anders als bei einem Verkehrsunfall. Gefährlich wird Tauchen nur, wenn du leichtsinnig handelst oder dich überschätzt beziehungsweise das Element Wasser unterschätzt. Der Gedanke an das Autofahren löst bei einem Tauchanfänger nur deshalb weniger Ängste aus,

- weil du dir konkret vorstellen kannst, welche Gefahren es gibt;
- weil du gelernt hast, wie du auf die verschiedenen Situationen reagieren solltest;
- weil gute Erfahrungen dir gezeigt haben, daß du zum Autofahren sehr wohl fähig bist;
- aber leider auch, weil deine Aufmerksamkeit mit der Zeit abstumpft und vieles nur noch routiniertes Tun ohne Denken und Fühlen ist.

Die ersten drei Punkte sind positiv, da sie deine Sicherheit erhöhen und dadurch deine Ängste verringern. Der vierte Punkt hingegen ist negativ, da er deine Ängste ausschaltet und dadurch deine Sicherheit gefährdet.

Sicherheit beim Tauchen läßt sich nur durch praktische Erfahrung und theoretisches Wissen erlangen. Ich selbst handle oft und gern nach dem Wahlspruch: »Probieren geht über studieren.« Bei der Taucherei läßt sich dieser Spruch jedoch nicht vorbehaltlos anwenden. Die physikalischen Tücken unter Wasser sind zu abstrakt. Wenn du nicht gerade ein Musterschüler in Physik warst, bist du gegen sie mit deiner Alltagsvorsicht nicht gewappnet. Selbst ein absoluter Skianfänger weiß, daß er einem Baum ausweichen sollte, wenn er auf ihn zufährt. Der Baum als Hindernis paßt in unser Gefahrenschema. Dekounfall und Barotrauma hingegen erscheinen den meisten so unvorstellbar wie eine Mondstauballergie. Ein Mindestmaß an theoretischem Wissen ist somit vor dem ersten Tauchgang ein unbedingtes Muß!

Aber... gehörst auch du zu den Leuten, die erst einmal die Buchhandlung stürmen, wenn sie etwas Neues vorhaben? Wenn ja, und falls du noch dazu zu den furchtsamen Naturen gehörst, gebe ich dir einen Rat: Schau dir in deinem neuerworbenen Tauchbuch die bunten Bilder an. Meinetwegen lies auch noch die Kapitel über Flossenkauf und Schnorchelausblasen. Laß aber vorerst die Finger (beziehungsweise die Augen) von der Tauchphysik und der Tauchmedizin! Überlasse es deinem Tauchlehrer, dich in dieses Mysterium einzuweisen. Da hast du einen Ansprechpartner, mit dem du unmittelbar über deine Bedenken reden kannst. Mißverständnisse können beseitigt werden, noch bevor sie in deiner Phantasie zum Horrorfilm werden. Wie schon gesagt, ist es recht leicht, mit einem Schuß unverstandener Theorie und einer kräftigen Prise Phantasie Ängste aufzubauen. Wieder abbauen lassen sich diese Ängste jedoch nur sehr schwer, selbst nachdem man die Theorie verstanden hat.

Tauchen lernen und die Angst vor dem Unbekannten verlieren kannst du nur im Wasser. Die bewährteste Waffe gegen die Angst ist Selbstvertrauen. Kannst du dir aber beim Tauchen selber vertrauen, wenn du vorher noch nie unter Wasser warst? Nein, denn zuerst muß dich die Erfahrung lehren, daß du dazu fähig bist. Gewiß, du kannst Vertrauen haben in deine Kraft, deine Sportlichkeit, deinen Mut. Aber gerade das sind Eigenschaften, auf die es im Gegensatz zu den meisten anderen Sportarten gar nicht so ankommt.

Beim Tauchen kommt es in erster Linie darauf an, dein Landverhalten, das du dir seit Geburt mühsam angeeignet und in deinem Bewußtsein, vor allem aber in deinem Unterbewußtsein verankert hast, umzuprogrammieren in Wasserverhalten.

Kaum vorstellbar:
die Angst vorm Fallen

»Angst vorm Fallen im Wasser? Wie unsinnig!« wirst du sagen. Trotzdem haben viele Tauchanfänger Angst vorm Fallen. Bewußt ist das jedoch den wenigsten. An Land sind wir gewohnt, aufrecht zu gehen oder zu stehen. Gut, wir können auch auf dem Bauch liegen. Ein Zwischenstadium von beidem aber bedeutet für uns an Land: Höchste Gefahr! Wir haben nur Bruchteile von Sekunden Zeit, unsere Arme schützend vor unserem Körper auszustrecken, um die Folgen des Sturzes zu mindern.

Genauso streckt manch ein Tauchanfänger seine Arme steif gegen den Grund, wenn er das erste Mal im flachen Wasser absinkt. Irgend etwas im tiefsten Inneren signalisiert ihm nämlich: »Hilfe, du fällst.« Woher soll das Unter-

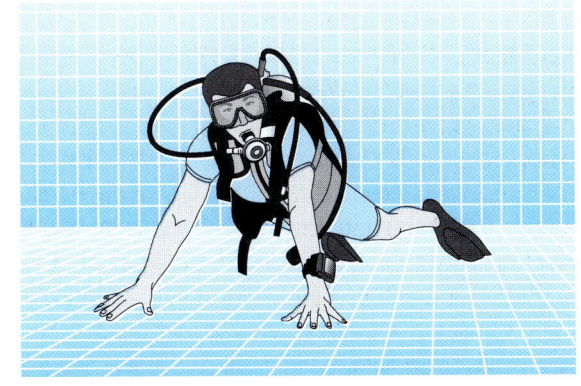

Der Beginner streckt seine Arme steif gegen den Grund. Sein Unterbewußtsein signalisiert ihm: »Hilfe, du fällst!«

bewußtsein auch wissen, daß man sich unbeschadet in so einer widernatürlichen Position aufhalten kann. Es reagiert ja hauptsächlich auf praktische Erfahrung. Da unser Verstand meistens das Unterbewußtsein ignoriert, gibt er nicht gern zu, daß das verkrampfte Vorstrecken der Arme auf die Angst vorm Fallen zurückzuführen ist, denn jeder weiß doch, daß man im Wasser nicht hinfallen kann.

Diese Angst vorm Fallen ist ein gutes Beispiel für die unlogischen Gefühlsängste, die das landorientierte Unterbewußtsein uns im Wasser aufzwingt. Unerfahrene Taucher rudern alle mit den Armen, wird oft behauptet. Das stimmt nicht. Nur unerfahrene Taucher, die Angst vorm Fallen haben, tun das. Es ist aber ein leichtes, sich von Anfang an diese Unart abzugewöhnen. Der erste Schritt ist:

 Werde dir bewußt, daß du Angst vorm Fallen hast, und erkenne den Unsinn dieser Angst! Mit reiner Theorie kannst du dein Unterbewußtsein nur selten überzeugen. Deshalb:

 Steige im flachen Wasser mit Hilfe deiner Atmung auf und ab! Laß dich dabei flach auf den Bauch fallen, ohne dich mit den Händen abzustützen!

Begreift dein Unterbewußtsein erst einmal, wie sanft du landest, zwingt es dich auch im tiefen Wasser nicht, deine Hände ständig schützend vor dir auszustrecken. Auch Bewegungsübungen, erst im flachen, dann im tieferen Wasser, wie Salto vorwärts und rückwärts, um die eigene Achse drehen oder auf dem Rücken schwimmen, können dir dabei helfen, dich an die Gewichtslosigkeit zu gewöhnen.

Mit den Armen rudern ebenso diejenigen, die überbleit sind und noch nicht richtig tarieren können. Auch diese Taucher haben Angst vorm Fallen. Nur ist es in diesem Fall eine reale Angst. Sie werden ja tatsächlich von dem Gewicht in die Tiefe gezogen. Da nützt es wenig, sich Furchtlosigkeit einzureden und zu versuchen, die Hände stillzuhalten, denn die Ruderbewegungen erfüllen einen praktischen Zweck. Hier hilft nur: Auf eine vernünftige Menge Blei reduzieren, mit der *natürlichen Atemtechnik* tarieren und das Tarieren üben.

Denken unter Wasser

Da steht er vor mir, ein Taucher, erfreut darüber, daß ich sein neues T-Shirt bewundere. Es zeigt die Karikatur eines Mannes mit dusseligem Gesichtsausdruck, Maske auf der Stirn, Bleigurt in den Kniekehlen hängend und anstelle einer Tauchflasche zwei Bierflaschen auf dem Rücken. Darunter ist der Satz zu lesen: Tauchen macht blöd. Designs dieser Art gibt es inzwischen verschiedene, der Text bleibt der gleiche.

Dieser Satz ist in Taucherkreisen fast so gängig wie das »Gesundheit« nach dem Niesen. Pullover mit eingestricktem »Skifahren macht blöd« habe ich noch nicht gesehen. Ich würde mich auch nicht in einem T-Shirt mit der Aufschrift »Fußballspielen macht blöd« nach einem HSV-Spiel in Hamburgs S-Bahn wagen. Sind Taucher einfach kritikfreudiger als andere Sportler oder besitzen sie einen speziellen Humor? Mir ist nicht bekannt, woher dieser Ausspruch kommt und ob der Urheber es wirklich ernst meinte. Tatsache ist, daß ein Körnchen Wahrheit darin steckt.

In größeren Tiefen lassen Denkvermögen und Urteilskraft eines Tauchers nach. Das kann bis zum totalen Verlust des Wahrnehmungsvermögens führen, eine Erscheinung, die allgemein als Tiefenrausch bekannt ist. Entsprechende Einzelheiten über die Ursachen und Auswirkungen des Tiefenrauschs sind jedem Tauchtheoriebuch zu entnehmen. Was viele Gerätetaucher jedoch nicht registrieren, ist, daß der Verstand nicht erst in größeren Tiefen eingeschränkt arbeitet, sondern das Denkvermögen bereits beeinträchtigt wird, sobald man den Kopf unter Wasser steckt.

Welcher Tauchlehrer kennt nicht folgende Situation: Ich erkläre meinen Tauchschülern die Unterwasserzeichen: »Wenn ich euch das Zeichen IST ALLES O.K.? zeige, gebt ihr mir das O.K.-Zeichen zurück, oder das Zeichen für ETWAS STIMMT NICHT.« Die ganze Gruppe nickt verständnisvoll mit dem

Kopf. Alles klar! Wir stecken alle unseren Kopf unter Wasser. Nur Sekunden später halte ich dem ersten Beginner Daumen und Zeigefinger zum O.K. geformt vor die Nase. Als Antwort bekomme ich ein kräftiges Kopfnicken. Erst nach dem zweiten oder dritten energischen Handzeichen meinerseits klappt es dann mit der Antwort: ALLES O.K.

»Nimmst du bei der Wechselatmung den Automaten wieder in den Mund, mußt du erst ausatmen, sonst ziehst du Wasser.« Geübt hatten wir das vorher schon. Und doch, anstatt Luftblasen aufsteigen zu sehen, sehe ich meinem Gegenüber förmlich an, wie gut das Salzwasser bei jedem Atemzug schmeckt. Manche halten das sogar während der ganzen Wechselatmung durch.

Beim Checktauchgang mit fortgeschrittenen Tauchern kommt es gar nicht so selten vor, daß ich auf das Zeichen ICH HABE KEINE LUFT MEHR das O.K.-Zeichen als Antwort erhalte, oder der Taucher guckt auf seine Brust, als wolle er prüfen, ob seine Krawatte sitzt.

Eine andere Geschichte passierte einem Kollegen von mir. Während eines Checktauchgangs mit sechs bereits fortgeschrittenen Tauchern kam ihm die Idee, einmal auszuprobieren, wie sich die Burschen in einer Notsituation verhalten. Er ließ sich wie bewußtlos auf den Grund sinken und dabei den Automaten aus den Mund fallen. So lag er eine Weile. Nichts geschah. Als ihm dann schließlich die Luft knapp wurde, drehte er sich herum, um zu sehen, wo denn seine Retter blieben. Hinter ihm lagen sechs Taucher, Automaten aus dem Mund, die Arme weit ausgestreckt: sie spielten bewußtlos.

Würden dieselben Personen an Land, bei ähnlich leichten Aufgaben, genauso unbedacht reagieren? Nein, höchstwahrscheinlich nicht! Läßt sich diese eingeschränkte Verstandesleistung durch Nervosität oder psychischen Streß beim Beginnerkurs oder beim Checktauchgang erklären? Nein. Das weiß ich aus eigener Erfahrung.

Einer meiner Taucher wollte im flachen Wasser einen Film drehen. Er besaß eine Super-8-Kamera in einer dieser wasserdichten Plastikhüllen. Nachdem er ein paar Fische aufs Korn genommen hatte, drückte er mir die Kamera in die Hand und gestikulierte, ich solle ihn filmen. Ich schaute durch die Kamera. Verwundert stellte ich fest, daß ich nichts sah. Erneut guckte ich. Nichts. Nach einigen langen Momenten kam mir dann die Erkenntnis: Ich hielt die Kamera verkehrt herum vor die Maske. An Land hätte ich den Irrtum wesentlich schneller entdeckt. Nervosität oder Streß kann das wohl nicht gewesen sein. Ich arbeitete damals bereits acht Jahre als Tauchlehrerin. Es war das erste Mal, daß mir dieses Phänomen auffiel. Tauchen macht also wirklich ein bißchen dumm. Wieso?

Begibst du dich, als Pseudofisch ausgestattet, unter Wasser, wird dein Landlebewesengehirn mit fremden Eindrücken geradezu überhäuft. Unter Wasser zu atmen ist etwas, was dir eigentlich das Leben kosten würde. Die waagrechte Lage in einem dreidimensionalen Raum ist für das menschliche Gehirn eine Utopie, die es nur aus Träumen kennt. Noch nicht einmal deinen Augen und Ohren kannst du trauen, denn du siehst im Wasser alles größer und weiter entfernt, Töne sind nur verzerrt wahrnehmbar. Auch der Widerstand des dichten Elements, die visuellen Wahrnehmungen neuer Lebensformen, Farben und Lichtspiegelungen, ja selbst das Blubbergeräusch der Luftblasen – all das läßt sich in deinen bisher erworbenen Erfahrungsschatz nur langsam einordnen. Alle Sinneswahrnehmungen werden über Nervenbahnen zum Gehirn geleitet. Bei dem Überschwang von ungewohnten Reizen, die während des Tauchens die Nervenbahnen passieren, ist es nicht verwunderlich, daß es zu Staus kommt. Gedankenimpulse, die unter normalen Bedingungen in Bruchteilen von Sekunden auf den Nervenbahnen dahinrasen, kommen nur stockend voran.

Jeder Taucher kann selbst ausprobieren, wie langsam sein Verstand arbeitet, wenn er unter Wasser beispielsweise versucht, zu lesen oder Rechenaufgaben zu lösen. Und weil diese verminderte Denkleistung und damit auch eine nachlassende Konzentration sowie ein verlangsamtes Reaktionsvermögen nun einmal eine Tatsache sind, bedeutet dies, daß verschiedene (lebenswichtige) Handlungsabläufe in Fleisch und Blut übergehen müssen. Dazu sollen die in den folgenden Kapiteln beschriebenen praktischen Übungen beitragen.

Druckausgleich

Sobald wir wenige Meter abtauchen, spüren wir einen Druck in den Ohren. Der Grund: Durch den Überdruck von außen wölbt sich das Trommelfell nach innen. Damit dieser Druck nicht stärker wird, wir Schmerzen bekommen und letztlich sogar das Trommelfell platzt, müssen wir den Druckausgleich in den Ohren durchführen. Im allgemeinen halten wir uns dabei die Nase zu und versuchen, durch die Nase auszuatmen (was natürlich nicht geht). An Land müßten wir dabei ein leichtes Knacken in den Ohren vernehmen. Unter Wasser sollte unmittelbar nach diesem sogenannten Druckausgleich das Druckgefühl verschwinden.

Hat ein Taucher eine Erkältung, kann die Eustachische Röhre verstopft sein und so einen Druckausgleich nicht zulassen. Das war mir bekannt, als ich mit der Ausbildung von Tauchern begann. So diagnostizierte ich fast bei jedem dritten Schüler eine Erkältung und schickte ihn aus dem Wasser. Verwunderlicherweise fühlten sich alle an dieser seltsamen Epidemie Erkrankten ansonsten pudelwohl. Eines Tages kam mir dann die Erkenntnis: Nicht alle Ohren funktionieren gleich. Manche Tauchanfänger müssen es erst lernen, den Druckausgleich durchzuführen.

Bei der Lektion »Druckausgleich« stehst du als Beginner ziemlich allein da. Dein Tauchlehrer kann ja weder sehen noch fühlen, was in deinen Ohren vor sich geht. Eines steht fest: Auch wenn du dich bei den ersten Tauchgängen deinem Tauchlehrer, der dich in die Tiefe führt und unbeschadet wieder nach oben bringt, ohne daß du dich mit Tauchtiefe, Tauchzeit, Strömungsverhältnissen und ähnlichem belasten mußt, voll anvertraust, so bist du von Anfang an für deine Ohren selbst verantwortlich. Denn nur du spürst, ob dein Druckausgleich erfolgreich war oder nicht. Deshalb im folgenden einige Regeln und Tips, die du beachten solltest.

Regeln für den Druckausgleich in den Ohren

Der Druck auf dein Trommelfell darf nie so stark werden, daß es schmerzt. Mach den ersten Druckausgleich bereits an der Wasseroberfläche.

Wiederhole den Druckausgleich laufend beim Abtauchen, sobald du einen leichten Druck verspürst. Du brauchst den Druckausgleich nicht zu machen, wenn du auf gleicher Höhe tauchst oder aufsteigst.

Läßt der Druck nicht nach, tauche auf keinen Fall tiefer! Steige 1 bis 2 Meter höher und probiere es dort erneut. Klappt es auch nach mehreren Versuchen nicht, mußt du auf den Tauchgang verzichten.

Zeige deinem Partner oder Tauchlehrer an, wenn du Probleme mit dem Druckausgleich hast.

Nimm keine Nasentropfen oder -sprays vor dem Tauchen. Läßt nämlich die Wirkung des Medikamentes nach, kann die Eustachische Röhre stärker zuschwellen als zuvor. Die Folge: Beim Auftauchen kann der Druck nicht mehr aus dem Mittelohr entweichen.

Tips, wenn es nicht gleich funktioniert

Der Druckausgleich läßt sich einfacher durchführen, wenn du mit den Füßen zuerst abtauchst anstatt kopfüber.

Vermutest du schon vor dem Abtauchen, es könnte Probleme mit dem Druckausgleich geben, zieh etwas Salzwasser durch die Nase ein und schneuze dich kräftig.

Auch unter Wasser hilft oft kräftiges Schneuzen, ohne daß du die Maske absetzen mußt. Halte dir ein Nasenloch zu, blase kräftig durch das andere aus, dann andersherum. Danach versuche den Druckausgleich erneut.

Oft drücken Anfänger beim Druckausgleich das Kinn zur Brust und bekommen dicke Backen. Das ist verkehrt. Strecke den Kopf leicht nach hinten und blase nur leicht bis mäßig.

Wenn die übliche Methode mit Nasezuhalten nicht funktioniert, versuche es mit Schlucken oder einer seitlichen Bewegung des Kiefers. Ich habe aber auch schon Taucher erlebt, die das Mundstück herausnahmen und gähnten oder ohne Automaten mit geschlossenem Mund und zugehaltener Nase den Druckausgleich durchführten.

Bist du bereits einige Meter getaucht, bevor deine Ohren streiken, tauche einfach in der erreichten Tiefe ein Stück. Entspanne dich. Probiere nach einer Weile erneut, tiefer zu gehen. Es ist nicht ungewöhnlich, wenn sich ein Ohr eher öffnet als das andere. Natürlich mußt du aber darauf achten, daß beide Ohren offen sind, bevor du weiter absinkst.

Druckausgleichsprobleme beim Aufstieg

Gelegentlich verspürst du auch beim Höhersteigen einen Druck auf dem Trommelfell. Das bedeutet, daß die Eustachische Röhre sich während des Tauchgangs verschlossen hat und der Druck beim Aufstieg nicht schnell genug entweichen kann. Da nützt kein Druckausgleich, denn wir wollen ja nicht noch mehr Luft ins Mittelohr pressen, sondern den Druck loswerden. Das einzige, was in diesem Fall hilft, ist ein ganz langsames, »schrittweises« Auftauchen. Du solltest immer nur so weit aufsteigen, bis du lediglich einen mäßigen Druck, aber noch keine Schmerzen spürst. Meist hörst du dann, wie die Luft pfeifend oder quietschend entweicht. Danach steige vorsichtig wieder ein wenig höher.

Hast du vorher keine Nasentropfen oder -sprays verwendet, ist die Eustachische Röhre nie so fest zugeschwollen, daß der Druck überhaupt nicht entweichen kann.

Manchmal kommt es vor, daß du dabei ein leichtes Schwindelgefühl wahrnimmst. Das ist kein Grund zur Panik. Das kommt von dem Druck, der auf das Gleichgewichtsorgan (Bogengänge) im Innenohr einwirkt. Sowie der Druck das Mittelohr verläßt, ist auch das Schwindelgefühl verschwunden.

Trommelfellverletzung

Ein Trommelfellriß bei einem einigermaßen vernünftigen Gerätetaucher ist eher selten, hat dieser doch aufgrund der mitgeführten Luft genügend Zeit für den Druckausgleich. Der Druck unter Wasser steigt ja langsam an, so daß sich entsprechende Maßnahmen ergreifen lassen; denn wer setzt sich bewußt dem großen Schmerz aus, der kurz vor einem Trommelfellriß die Regel ist? Wohl niemand.

Häufiger kommen Trommelfellverletzungen bei Tieftauchversuchen mit Schnorchel vor, also beim Freitauchen, vor allem, wenn ein Taucher bei einer Prüfung unter Leistungsdruck steht. Wie oft quält sich ein Prüfling die paar Meter zum Ziel, obwohl es bereits heftig in den Ohren sticht! Zeit, über das mögliche Risiko nachzudenken, bleibt beim Freitauchen nicht. Ist ein bestandenes Silber- oder Goldbrevet ein Loch im Trommelfell wert? Oder eine bessere Frage: Sind Tieftauchversuche unter Prüfungsstreß überhaupt notwendig und sinnvoll?

Wie gut ein Taucher im Freitauchen ist, läßt sich auch beim weitaus ungefährlicheren Streckentauchen testen. Meiner Meinung nach sollten Tieftauchversuche nur unter entspannten, zwanglosen Bedingungen durchgeführt werden, stets abgesichert von einem Partner.

Druckausgleich
im Maskeninnenraum

Beim Tauchen gilt es aber nicht nur auf seine Ohren zu achten, sondern auch den Druckausgleich in der Maske herzustellen. Das ist kinderleicht: Du bläst einfach ein wenig Luft durch die Nase in die Maske, und zwar immer dann, nachdem du den Druckausgleich in den Ohren durchgeführt hast.

Wieso ich dieses Thema überhaupt erwähne? Probleme können bei dieser Kleinigkeit doch nicht auftreten; durch die Nase ausatmen kann jeder. Tatsache ist aber: Maskenbarotraumen kommen in der Praxis häufiger vor als Trommelfellrisse – weniger beim Anfängerkurs (schließlich weist jeder Tauchlehrer den Schüler auf den Maskendruckausgleich hin) als beim Checktauchgang.

Aus der Praxis: Eine längere Tauchpause. Ein fremdes Tauchrevier. Ein Tauchlehrer, den man noch nicht einschätzen kann. Eine ungewohnte Ausrüstung. Unsicherheit! Den Kopf unter Wasser, wo das Denkvermögen bekanntlich eingeschränkt ist. Unter diesen Umständen kann man durchaus etwas vergessen. Den Druckausgleich in den Ohren vergißt niemand: Schmerzende Trommelfelle erinnern rechtzeitig daran. Der Unterdruck im Maskeninnenraum hingegen tut nicht weh. Hat sich dann die Maske erst einmal so weit an das Gesicht gesaugt, daß der Taucher es bemerkt, ist es oft schon zu spät. Die Blutgefäße der Bindehaut sind geplatzt. Die häßlichen roten Flecken im Weiß des Auges heilen erst nach mehreren Tagen ab. Deshalb ist es wichtig, sich schon vor dem ersten Tauchgang nach längerer Pause ganz bewußt auf den Maskenausgleich zu besinnen.

Laß außerdem folgende Handlungsfolge zur Routine werden:

Druckausgleich in den Ohren.

Finger weg von der Maske.

Durch die Nase ausatmen.

Mehr zu den verschiedenen Barotraumen findest du auf Seite 138 ff.

Die Atmung

Tauchen bedeutet, sich mit Hilfe technischer Mittel unter Wasser aufzuhalten und fortzubewegen. Was ist nun das Allerwichtigste in unserem Leben? Unsere Atmung; nichts brauchen wir dringender als »die Luft zum Atmen«. Trotzdem denken wir im täglichen Leben wie auch beim Tauchen nur wenig darüber nach. Wir atmen automatisch, und wer nimmt sich in unserer schnellebigen Gesellschaft schon die Muße, einmal über seine Atmung nachzusinnen?

Bewußte Atemübungen aber können Streß abbauen und führen zur Verbesserung des körperlichen und seelischen Wohlbefindens. Das weiß jeder, der sich schon einmal mit Yoga, autogenem Training oder ähnlichem befaßt hat. Wenn du erregt bist, Angst hast oder gar einer Panik zusteuerst, atmest du schnell. Diese Erfahrung hat sicher schon jeder gemacht. Solange du diese hektische Atmung beibehältst, wirst du dich kaum beruhigen können. Wenn du hingegen bewußt ruhig und gleichmäßig atmest, ist es ausgeschlossen, daß Erregung, Angst oder Panik aufkommt.

> *Unsere Atmung ist der beste*
> *und einfachste Regler unserer Psyche.*

Im täglichen Leben kann eine falsche Atmung zu Unausgeglichenheit und gar zu schlechter Laune führen. Beim Tauchen kannst du dich durch falsche Atmung in eine Panik hineinsteigern, was gerade in diesem ungewohnten Element immer ein Risiko bedeutet. Deshalb wollen wir diesem wichtigen Thema kurz unsere Aufmerksamkeit widmen.

Natürliches Atmen

Nimm dir einen Moment Zeit. Konzentriere dich auf deine Atmung, ohne sie jedoch willentlich zu beeinflussen. Wie atmest du?

Gewöhnlich atmest du ein und gleich wieder aus, wartest im relativ ausgeatmeten Zustand auf den neuen Atemreiz, atmest dann ein und sofort wieder aus. Deine Lunge ist also die meiste Zeit fast leer. So atmest du allerdings nur in deiner natürlichen Umgebung: an Land.

Steckst du bei den ersten Tauchversuchen, ausgerüstet mit Preßluftflasche und Automat, deinen Kopf unter Wasser, atmest du automatisch anders: Du ziehst die Luft ein und hältst sie an. Der Grund dafür ist dein Unterbewußtsein, das dir meldet: »Stop! Im Wasser kannst du nicht atmen.« Erst wenn dein Verstand, voll Vertrauen in die Technik, aufflackert, traust du dich auszuatmen und wieder einzuatmen. Aber da mischt sich schon wieder dein Unterbewußtsein ein und befiehlt: »Halte gefälligst die Luft an!« So entsteht ein ständiger Dialog zwischen Unterbewußtsein und Verstand. Das Ergebnis ist eine unnatürliche Atemtechnik, die viele Taucher ihr ganzes Taucherleben lang beibehalten.

Unser Ziel sollte es sein, auch unter Wasser so natürlich zu atmen wie an Land, nämlich: einatmen – ausatmen – stop. Ein – aus – stop. Warum?

Nur im ausgeatmeten Zustand können wir uns total entspannen. Körperliche Entspannung baut psychischen Streß ab und kann somit Paniksituationen vermeiden.
Test: Atme tief ein, halte die Luft an und versuche, dich zu entspannen. Es wird dir nicht gelingen.

Da sich bei dieser Art des Atmens deine Lunge nicht ständig aufbläht wie ein Luftballon, hat dein Körper weniger Auftrieb. Du sparst einige Kilogramm Blei. Mit weniger Blei kannst du einfacher tarieren, was wiederum zur besseren Entspannung unter Wasser beiträgt. Auch Panik an der Wasseroberfläche, wenn die Technik der Tarierweste oder des Jackets versagen sollte, läßt sich durch eine geringe Bleimenge vermeiden.

Atmen zeigen mit der Hand. Dabei hält der Tauchlehrer den Schüler an der Hand.

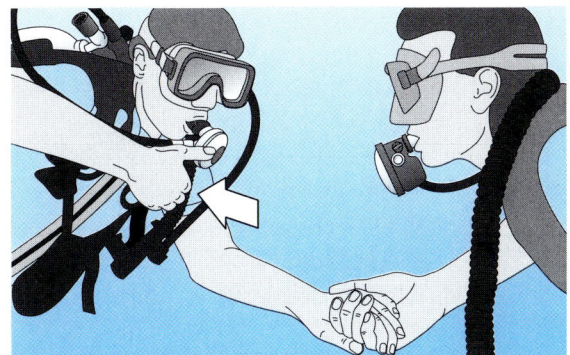

Einatmen

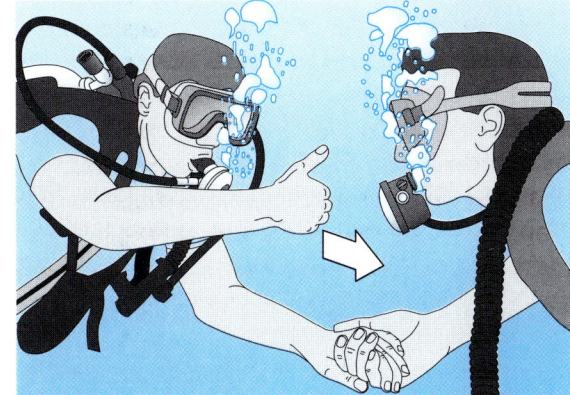

Ausatmen

Stop

33

Der unterbewußte Reflex, die Luft anzuhalten, kann bei einem Aufstieg in Panik zu einem Lungenriß führen. Je gründlicher wir uns diesen Reflex abgewöhnen, desto höher ist die Chance, in einer Notsituation richtig zu reagieren.

Nun ist *natürliches Atmen* unter Wasser leichter gesagt als getan, denn dein Unterbewußtsein versucht dich ständig daran zu erinnern, daß du eben kein Fisch bist. Am einfachsten prägt es sich ein, wenn der Tauchlehrer seinen Schützlingen den Atemrhythmus mit der Hand anzeigt, zum Beispiel so:

- Handrücken vom Tauchschüler weg = einatmen,
- Handrücken zum Tauchschüler hin = ausatmen,
- Handfläche vor das Gesicht des Tauchschülers = stop.

Der Rhythmus ist einfach: Einatmen – sofort wieder ausatmen – stop. Dabei ist der kurze Stop von 1 bis 3 Sekunden nach dem Ausatmen besonders wichtig. Im Wasser dauert nämlich alles etwas länger. Nach dem Ausatmen braucht dein Körper einen Augenblick, bis er absinkt. Diese Verzögerung im Wasser kannst du dann nutzen, um erneuten Auftrieb zu vermeiden.

Keine Luft anhalten!
Einatmen – sofort ausatmen – stop – und schon hat dein Körper keine Chance, wie ein Luftballon aufzusteigen.

Warum nicht auch als »alter Hase« umdenken?

Ist dir schon einmal aufgefallen, daß sehr erfahrene Taucher, beispielsweise Tauchlehrer, weniger Blei mit sich herumschleppen als Anfänger oder durchschnittliche Taucher? Meistens verbrauchen sie auch erheblich weniger Luft.

Woran mag das liegen? Für einen Tauchlehrer, der täglich mehrere Stunden unter Wasser verbringt, ist das Wasser kein lebensfremdes Element mehr. Das Unterbewußtsein hatte genügend Gelegenheit, sich davon zu überzeugen, daß man unter Wasser atmen kann. Die Atmung wird mit der Zeit ganz automatisch flacher und ruhiger. Manchmal, nicht immer, stellt sich auch die *natürliche Atmung* ganz von selbst ein.

Fragst du dann den Profi, wie er das macht, kommt oft folgende unbefriedigende Antwort: »Das macht die Erfahrung. Wenn du erst so viele Tauchgänge hast wie ich, atmest du auch weniger und brauchst weniger Blei.« Dieser Satz ist eine weitverbreitete, aber überholte Meinung. Denn wenn du erst einmal weißt, weshalb du soviel (und hektisch) atmest, und wenn dir vielleicht noch ein Tauchlehrer den richtigen Rhythmus anzeigt, kannst du von deiner ersten Tauchstunde an atmen wie ein Profi.

Leider ist dieses Atmenzeigen und die *natürliche Atemtechnik* in Tauchschulen nicht sehr weit verbreitet. Wenn du als Anfänger oder auch schon »alter Hase« keinen Tauchlehrer findest, der dich einweisen kann, hast du immerhin die Möglichkeit, es selbst zu versuchen.

Ich habe immer wieder feststellen müssen, daß es wesentlich einfacher ist, diese natürliche Atemtechnik einem absoluten Beginner beizubringen als jemandem, der schon öfter getaucht hat. Je öfter und länger du tauchst, um so tiefer prägen sich die Verhaltensweisen in dein Unterbewußtsein ein und desto schwieriger wird es, ungünstige Angewohnheiten wieder loszuwerden. Das sollte dich als erfahrenen Taucher jedoch nicht davon abhalten, deine Tauch- und Atemtechnik neu zu überdenken. Etwas umdenken, ein wenig Übung – mehr brauchst du nicht. Als Belohnung winken entspanntere Tauchgänge, weniger Blei schleppen, einfacheres Tarieren und größere Tauchsicherheit.

Wenn ich mit (mehr oder weniger) erfahrenen Tauchern über Themen wie Atemtechnik oder weniger Blei diskutiere, bekomme ich oft Sätze zu hören wie: »Ich tauche schon jahrelang mit meinen 4 Kilo (in Badehose und T-Shirt) und fühle mich wohl. Warum soll ich etwas Neues ausprobieren?« Manchmal sind es gerade diese Taucher, die mir stolz ihren neuen Computer oder Automaten vorführen – das Neueste, was es auf dem Markt gibt. Dann frage ich mich, ob Neues viel kosten muß, um akzeptiert zu werden.

Die Tarierung

Tarieren bedeutet, unter Wasser zu schweben, weder leichter noch schwerer zu sein als das Wasser. Diesen Zustand erreichen wir mit verschiedenen Hilfsmitteln.

Für den **Abtrieb** sorgen das Blei und eventuell eine Stahlflasche oder andere schwere Ausrüstungsgegenstände (z.B. Lampe). **Auftrieb** bekommen wir durch Tarierweste oder Jacket, Neoprenanzug und Ausrüstungsgegenstände, die leichter sind als Wasser (z.B. eine fast leere Aluminiumflasche).

Unser wichtigstes und am leichtesten zu bedienendes »Tariergerät« aber ist unsere Lunge. Wir können unsere Lunge gebrauchen wie Fische ihre Schwimmblase. Atmen wir ein, vergrößert sich das Volumen unseres Körpers, wodurch wir mehr Wasser verdrängen und Auftrieb erlangen. Beim Ausatmen verkleinert sich unser Körpervolumen, somit sinken wir ab.

Tarieren nach der herkömmlichen Methode

Tarieren beginnt mit der Vergabe von Blei. In den meisten Tauchschulen, die nicht mit der Methode der *natürlichen Atemtechnik* arbeiten, bekommt der Tauchneuling soviel Blei, bis er untergeht.

Bei der ersten Unterrichtsstunde im flachen Wasser oder im Schwimmbecken ist das alles kein Problem. Tiefer als bis zum Grund oder Beckenboden geht es ja nicht. Im Gegenteil, ein überbleiter Anfänger hat eine stabilere Lage, tut sich somit bei den Übungen leichter und braucht sich nicht auf seine Atmung zu konzentrieren. Aber wie atmet er? Er atmet ein (tiefer, als er es an Land tun

Oben: Überbleiter Taucher. Nur mit Ruderbewegung der Arme und einer senkrechten Körperhaltung kann er sich auf der gewünschten Tiefe halten.

Unten: Gut tarierter Taucher im Schwebezustand.

würde), hält die Luft an, atmet nach kurzer Pause aus und zieht gleich wieder Luft ein. In der eingeatmeten Phase (die viel länger ist als die Phase mit relativ leerer Lunge) ist er richtig austariert. Wie sieht die Sache aber nun beim ersten Tauchgang im Freiwasser aus, wenn kein sicherer Boden mehr da ist und der Taucher sich im Schwebezustand halten sollte? Im eingeatmeten Zustand ist unser Anfänger nach wie vor richtig austariert. Atmet er jedoch aus, ist er aufgrund der Bleigewichte zu schwer, sinkt ab, hat gar das Gefühl zu fallen. Nur noch mit Ruderbewegungen der Arme und einer senkrechten Körperhaltung kann er sich auf der gewünschten Tiefe halten. Versucht er, sich mit der Lunge – d.h. durch seine Atmung – auszutarieren, muß er extrem viel Luft einsaugen. Die Folge ist ein verspannter Brustkorb, was wiederum zu Beklemmungen und Unbehagen führen kann.

Wie wird bei der
natürlichen Atmung tariert?

Du bekommst soviel Blei, daß du, wenn du zum erstenmal deinen Kopf unter Wasser steckst und einfach drauflos atmest, noch an der Oberfläche schwebst. Denn du hältst ja nach jedem Atemzug instinktiv die Luft an. Zeigt der Tauchlehrer mit der Hand aber den richtigen Atemrhythmus an, also: ein – aus – stop, wirst du bald auf den Grund absinken.

Wichtig ist auch, daß du dabei völlig entspannt bist. Ein verspannter Körper hat nämlich Auftrieb, ein entspannter Körper hingegen wird schwer im Wasser. Das kannst du sehr gut ausprobieren, indem du dich etwa brusttief ins Wasser stellst, zunächst einen Arm ganz locker hängen läßt und danach nur die Muskeln des Unterarmes bewußt anspannst. Dein Arm wird ohne weiteres Zutun nach oben steigen.

Gewiß, es braucht etwas Zeit, sich an die *natürliche Atmung* zu gewöhnen. Zwischendurch findest du dich vielleicht an der Wasseroberfläche wieder, ohne es zu wollen. Du und dein Tauchlehrer müßt eben etwas Geduld mit deinem Unterbewußtsein aufbringen, das dir anfänglich einen ziemlichen Streich spielt. Auch bei deinen ersten »richtigen« Tauchgängen kann es hin und wieder vorkommen, daß du unfreiwillig aufsteigst. Aber es ist wie beim Autofahren: Hast du dich erst einmal an das »Neue« gewöhnt, geht es ohne Nachdenken ganz von selbst.

Gelingt es dir nun, so zu atmen, daß du entspannt auf dem Grund liegst, kannst du mit dem Tarieren beginnen. Da du nicht zuviel Gewicht bei dir hast, d.h. nicht überbleit bist, brauchst du dich nicht wie ein Kugelfisch aufzublasen, um etwas aufzusteigen. Es genügt, wenn du nach dem Einatmen einen kurzen Stop einhältst: Schon treibst du nach oben. Danach kannst du auf natürliche Art weiteratmen. Willst du absinken, atmest du einfach etwas mehr Luft aus (in deiner Lunge ist viel mehr Restluft, als du glaubst) und verlängerst den Stop nach dem Ausatmen, bis du die gewünschte Tiefe erreicht hast. Auf diese Art und Weise kannst du auch im tiefen Wasser deine Tiefe ändern oder schwebend an einer Stelle bleiben, ohne daß deine Lunge übervoll ist und dein Brustkorb sich verspannt.

Die Luft in deiner Lunge dehnt sich ja beim Aufsteigen aus und es besteht die Gefahr einer Lungenüberdehnung oder gar eines Lungenrisses.

Tarieren mit oder ohne Jacket?

Wenn du ohne Neoprenanzug tauchst und die richtige Menge an Gewicht mitführst, also nicht überbleit bist, kannst du ausschließlich mit der Lunge tarieren. »Warum soll ich nur mit der Lunge tarieren« wirst du fragen, »mein Jacket habe ich doch sowieso um. Wenn ich ein Kilo Blei mehr mitnehme, brauche ich mich nicht auf meine Atmung zu konzentrieren.« Dazu möchte ich dir das Boyle-Mariottesche Gesetz ins Gedächtnis rufen: Beim Abtauchen drückt sich die Luft in deinem Jacket zusammen. Du mußt also immer mehr Luft hineinblasen, um in einem Schwebezustand zu bleiben und nicht wie ein Stein abzusinken. Beim Abtauchen ist das kein allzu großes Problem, mit ein paar Flossenbewegungen kannst du dem Abtrieb entgegenwirken. Dir bleibt genügend Zeit, um dein Jacket aufzublasen. Etwas schwieriger wird die Sache, wenn du aufsteigst. Sobald du auch nur wenige Meter höher tauchst, dehnt sich die komprimierte Luft in deinem Jacket aus. Läßt du sie nicht schnell genug heraus (weil du vielleicht gerade von einem Fisch so fasziniert bist und deshalb nicht auf Anhieb den richtigen Knopf zum Luftablassen findest), steigst du ungewollt auf. Je höher du kommst, desto schneller wird deine Aufstiegsgeschwindigkeit – eine gefährliche Situation, wie auch unter »Barotraumen« auf Seite 138 und »Dekompressionskrankheit« auf Seite 140 nachzulesen ist.

Mit Jacket oder Weste richtig zu tarieren ist eine der schwierigsten Übungen beim Tauchen. Dabei kommt es nicht nur auf technisches Können an, sondern hauptsächlich auf Gefühl. Natürlich solltest du lernen, mit dem Jacket richtig umzugehen. Beim Training mit dem Jacket empfehle ich sogar, sich zu überbleien. Das macht das Training schwieriger und du kannst mehr dabei lernen. Willst du dich aber während des Tauchgangs völlig entspannt fühlen, um die Schönheit der Unterwasserwelt zu genießen, solltest du es dir so leicht wie möglich machen. Tauchst du beispielsweise in den Tropen im T-Shirt oder mit einem Lycraanzug, ist es nun einmal das einfachste, ausschließlich mit der Lunge zu tarieren.

Anders ist es natürlich, wenn du mit einem Neoprenanzug tauchst. An der Oberfläche hat der Anzug viel Auftrieb, weil das Material aufgrund der Lufteinschlüsse ein geringes spezifisches Gewicht aufweist. Du mußt also von Anfang an mehr Gewicht mitnehmen, um überhaupt abtauchen zu können. Tauchst du hingegen tiefer, werden diese Lufteinschlüsse im Neopren zusammengedrückt; der Anzug verliert an Volumen und du bekommst mehr Abtrieb. Zwar läßt sich bis zu einem gewissen Grad dieser Abtrieb noch mit der Lunge ausgleichen, aber dann muß man sich wie ein Luftballon aufblähen, was weder zur Entspannung beiträgt noch das Wohlgefühl steigert.

Beim Tauchen mit Neoprenanzug solltest du mit dem Jacket oder der Tarierweste tarieren, allerdings nicht ausschließlich.
Sobald du beim Abtauchen feststellst, daß du zu schwer wirst, blase soviel Luft in dein Jacket, daß du wieder einen Schwebezustand erreichst. Die Feintarierung mußt du aber weiterhin über die Lunge vornehmen.

Sind Frauen
die besseren Taucher?

Früher einmal galt Tauchen als ein Sport für harte, starke Männer. Daß diese irrige Meinung schon lange überholt ist, braucht wohl nicht betont zu werden. Von hundert Tauchern sind heute etwa vierzig weiblichen Geschlechts. Ich will aber noch etwas weiter gehen und behaupten, daß Frauen in mancher Hinsicht von Natur aus für den Tauchsport die besseren Voraussetzungen mitbringen als Männer.

Luftverbrauch unter Wasser

Tatsache ist, daß Frauen beim Tauchen weniger Luft verbrauchen, nicht nur – wie oft angenommen – wegen ihrer kleineren Lunge, sondern auch wegen ihrer anderen Atmungsweise. Viele Frauen atmen beim Tauchen automatisch nur im oberen Lungenbereich, Männer hingegen atmen meist tief in den Bauch hinein. Das heißt, sie füllen einen größeren Bereich ihrer Lunge. Deshalb brauchen sie wesentlich mehr Luft.

Hierzu eine interessante Theorie: Während einer Schwangerschaft bleibt einer Frau immer weniger Platz im Bauchraum, um mit dem unteren Lungenbereich zu atmen. Instinktiv atmet sie dann nur noch im oberen Bereich der Lunge. Dieser Reflex beschränkt sich aber offenbar nicht nur auf schwangere Frauen. Bei vielen Frauen genügt es schon, wenn sie sich eingeengt fühlen, etwa durch den Neoprenanzug, den Blei- oder den Gerätegurt. Sogar Versuche mit Säuglingen haben ergeben: Legt man Mädchen etwa eine dickere Decke auf den Bauch, beginnen sie flacher, also im oberen Bereich der Lunge, zu atmen. Buben hingegen atmen normal weiter.

Natürlich gibt es auch unter den Männern ein paar Supersparatmer. Das hat jedoch nichts mit ihrer Körperstatur oder ihrem Lungenvolumen zu tun. Vielmehr ist dies einzig und allein auf die Atemtechnik zurückzuführen. Zwar benötigt ein größerer Körper mehr Sauerstoff als ein kleinerer. Da wir aber unter Wasser ohnehin meist mehr Luft einatmen, als unser Körper eigentlich braucht, fällt die Statur eines Tauchers beim Luftverbrauch kaum ins Gewicht. Wenn also Männer viel Luft verbrauchen, liegt das nicht an deren 7-Liter-Lungenvolumen, sondern daran, daß sie eine »Sparatemtechnik« erst erlernen müssen, die bei den Frauen instinktiv vorhanden ist.

Bewegung unter Wasser

Tauchen ohne Kraftaufwand

Aber nicht nur bei der Atmung, auch bei der Bewegung unter Wasser haben Frauen Vorteile. Ich habe mehr Frauen als Männer ausgebildet, die sich von Anfang an perfekt im Wasser bewegten, obwohl sie vorher nie mit Flossen geschwommen sind. Die meisten Männer müssen sich einen ästhetischen und effektiven Schwimmstil erst aneignen.

Dieser Vorteil kann allerdings zunichte gemacht werden mit der ebenso weitverbreiteten wie irrigen Ansicht, Tauchen sei ein Leistungssport und erfordere viel Kraft. Versucht eine Frau mit Kraft hinter einem Mann herzuhetzen, zieht sie mit ihrer schwächeren Muskulatur selbstverständlich den kürzeren.

> *Ein effektiver Schwimmstil bedeutet, mit so wenig Kraft wie möglich so weit wie nötig zu kommen.*

Wenn wir an Land schnell von einem Punkt zum anderen wollen, müssen wir zügig und kraftvoll ausschreiten oder gar laufen. Machen wir jedoch beim Tauchen schnelle Bewegungen mit angespannten Muskeln, haben wir gegen den Widerstand des Wassers anzukämpfen. Dabei vergeuden wir unsere Energie. Bleiben unsere Muskeln aber locker und wir bewegen uns mit ruhigen, weiten Flossenschlägen, können wir uns beinahe mühelos in das Wasser einfügen. Mit der richtigen Technik kommen wir rasch und kräftesparend voran. Das läßt sich sogar in der Badewanne ausprobieren: Stell dich vor die Wanne und ziehe zunächst deine Hand schnell und kraftvoll durch das Wasser. Deutlich wirst du den Widerstand spüren. Dann versuche es weich und ruhig. Mit geschlossenen Augen und etwas Phantasie kannst du dir vorstellen, wie deine Hand mit dem Wasser eins und die Bewegung »leicht« wird.

> *Kämpfe nicht gegen das Wasser an, denn es ist stärker als du.*
> *Füge dich ein und werde ein Teil dieses Elements.*

Vor allem für aktive Sportler oder Männer, die körperlich schwere Arbeiten verrichten, ist es schwierig, sich an eine kraftlose Fortbewegung zu gewöhnen. Gewiß gibt es auch einige Frauen, die versuchen, mit Kraftanwendung vorwärts zu kommen, sie sind aber in der Minderzahl.

Natürlich kannst du Tauchen auch als Leistungssport betreiben. Wer beim Hallenbadtraining von einem gestrengen Übungsleiter durch die Bahnen gescheucht wird, weiß, wie anstrengend der Tauchsport sein kann. Ein gut aufgebautes Hallenbadtraining ist jedoch jedem Taucher zu empfehlen; es bringt Kondition, Selbstvertrauen und Sicherheit. Im Freigewässer solltest du hingegen immer sparsam mit deiner Energie umgehen, denn eine Überanstrengung kann leicht zu Panik führen.

Das Gefühl der Schwerelosigkeit

Bewegung unter Wasser erfordert Umdenken. Da du dich in einem wesentlich dichteren Element als der Luft befindest, bist du fast gewichtslos (wenn du nicht überbleit bist). Das erlaubt dir, deinen Körper so sehr zu entspannen, wie es an Land nie möglich wäre. Außerdem zwingt dich die Dichte des Elements zur

Langsamkeit. Deine Bewegungen sind am effektivsten, wenn sie in Zeitlupe ablaufen. Jede schnelle, hektische Bewegung erzeugt Widerstand. Schon kleine Veränderungen deiner Körperhaltung können eine Richtungsänderung bewirken, und unbedachte Bewegungen führen dich dorthin, wo du nicht hin willst. Wenn du zum Beispiel bei einer Übung wie das Ab- oder Anlegen des Geräts umkippst und versuchst, dich abzustützen, wirst du rasch feststellen, daß Wasser keine Balken hat. Das Rudern mit den Armen bringt dich nur noch mehr aus dem Gleichgewicht. Besser ist es, du bleibst locker und konzentrierst dich nur darauf, wie du das Gerät ab- und anlegst. Kippst du dabei um, ist das nicht schlimm – im Wasser kannst du nicht fallen. Ob du dein Gerät im Knien, im Liegen oder in der Schwebe anlegst, ist eigentlich egal.

Das ungewollte Hochtreiben der Beine

Einen Haltungsfehler konnte ich allerdings fast ausschließlich bei Frauen beobachten, vorwiegend wenn sie etwas fülligere Oberschenkel hatten: Es ist das Hochtreiben der Beine. Liegen Taucherinnen bäuchlings auf dem Grund oder verweilen in tieferem Wasser ohne Flossenschlag, treiben bei manchen von ihnen die Beine scheinbar ohne ihr Zutun nach oben. Selbst mit größter Anstrengung gelingt es ihnen nicht, die Beine nach unten zu drücken. Im Tiefen, wenn der Oberkörper nirgends abgestützt werden kann, sehen sie nur die Möglichkeit, sich auf den Rücken zu drehen und sich so wieder aufzurichten, um nicht »auf die Nase zu fallen«.
Was ist der Grund für dieses Phänomen? Frauen haben im Vergleich zu Männern mehr Fettzellen. Diese sind überwiegend an Oberschenkeln, Hüften und Po verteilt. Fettgewebe ist bei gleichem Volumen leichter als Muskelgewebe, neigt im Wasser also zum Auftrieb. Das ist die Erklärung, weshalb das Hochtreiben der Beine hauptsächlich bei Frauen auftritt.
Mollige Oberschenkel begünstigen zwar das Hochtreiben der Beine, sind aber nicht die eigentliche Ursache des Problems und somit nicht unausweichliches Schicksal. Du weißt bereits: Verkrampfte Muskeln verursachen Auftrieb (siehe hierzu das Kapitel über »Tarierung«). Verspannt eine Taucherin die Muskeln von Oberschenkeln und Po, schweben ihre ohnehin spezifisch leichten Beine

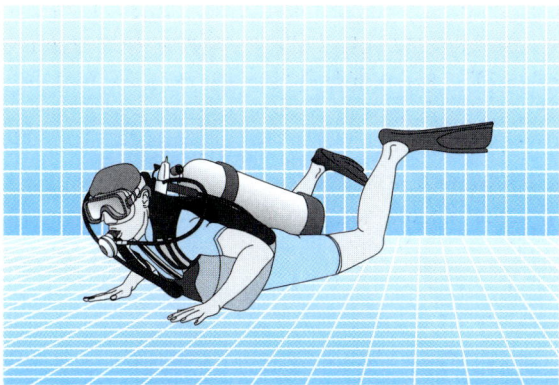

Durch Verkrampfung des Unterkörpers treiben die Beine nach oben. Liegt die Taucherin am Grund, ist ihr Kreuz extrem durchgebogen.

Schwebt die Taucherin im tiefen Wasser, »fällt sie auf die Nase«.

automatisch nach oben. Dabei werden oft die Unterschenkel angewinkelt. Natürlich ist diese Haltung unbequem. Liegt die Taucherin auf dem Grund, muß sie ihr Kreuz extrem durchbiegen. Schwebt sie im tieferen Wasser, glaubt sie zu fallen. Nun beginnt der Teufelskreis. Die Taucherin versucht, die Beine kraftvoll nach unten zu drücken. Dadurch verkrampfen sich ihre Beinmuskeln immer mehr, folglich treiben ihre Beine noch stärker aufwärts.

Ist die Wurzel des Übels erst einmal erkannt, ist es eine Kleinigkeit, es auszumerzen. Unsere Taucherin braucht sich lediglich auf die angespannten Muskelpartien zu konzentrieren und sich zu entspannen. Die angewinkelten

Unterschenkel (eine häufige »Angsthaltung«) darf sie nicht abwärts drücken, denn dabei müßte sie ja gegen den Widerstand der Flossen ankämpfen, was wiederum Anspannung bedeutet. Sie braucht die Knie nur locker zu strecken, schon liegen die Unterschenkel waagrecht im Wasser.

Je größer die Flossen, desto besser?

Meine ersten Flossen waren einfache Schwimmflossen mit geschlossenem Fußteil und drei Nummern zu groß, damit ich zusätzlich Füßlinge anziehen konnte. Damit kam ich prima zurecht. Als ich dann als Assi arbeitete, mußte ich manchem schiefen Blick auf meine »Entenfüße« standhalten, wenn die anderen ihre »echten« Taucherflossen, mit hartem Blatt und Fersenband, anlegten. »Wie willst du mit den Dingern hinter einem Taucher herkommen, wenn dir einer abhaut?« Immer öfter mußte ich mir solche Bemerkungen anhören. Schließlich hatte ich genug, und so schaffte ich mir ein Paar jener Vollgummiflossen mit extrem hartem Blatt und Strömungskanälen an. »Jet Fin« waren damals die gebräuchlichsten unter den Taucherflossen, heute sind sie fast ausgestorben. Am Anfang fand ich es schwierig, damit überhaupt vorwärts zu kommen. Doch bald gewöhnte sich meine Muskulatur an die Schwere und Härte dieser für mich viel zu riesigen Dinger.
Als meine Jet Fin dann nach vielen Jahren auseinanderfielen, kaufte ich mir wiederum »echte« Taucherflossen, obwohl ich damals schon in meiner Ausbildung »Bewegung ohne Kraft« predigte. Meinen Beginnern riet ich fürs erste von den großen, harten Flossen ab. Als Tauchlehrer mußte ich aber flotter sein als alle anderen, und das geht eben nur mit großen Flossen. Diese Meinung war so festgefahren, daß mir gar nicht in den Sinn kam, daran zu zweifeln. Daß ich während der Tauchsaison ständig leichte Schmerzen in den Fußgelenken hatte, betrachtete ich fünfzehn Jahre lang als normal.
Eines Tages hatte ich eine Verletzung am Fuß. Das Flossenschwimmen fiel mir schwer. Um mir etwas Erleichterung zu schaffen, zog ich ein Paar leichte Schwimmflossen an, die wir sonst für unsere Anfänger hernahmen. »Für ein paar Tage werde ich mit den kleinen Flossen schon zurechtkommen«, dachte ich mir. Doch welch eine Wohltat für meine Muskulatur und Fußgelenke! Und

46

langsamer schien ich auch nicht zu sein als mit den Ungetümen von Flossen. Von diesem Tag an habe ich nicht mehr mit »echten« Tauchflossen getaucht. Ich erzählte meiner Assistentin von meiner Erfahrung mit den »Anfängerflossen«. Mein Assi, selbst jahrelang an harte Flossen gewöhnt, probierte es aus. Seitdem hängen auch ihre »Echten« am Nagel. Wir waren uns einig: Mit den kleineren Flossen war das Tauchen nicht nur energiesparender und gelenkschonender, wir waren auch schneller.

> *Da wir weniger Kraft anwenden müssen, um ein kleineres,*
> *weicheres Flossenblatt zu bewegen, können wir die Beinmuskeln*
> *lockerer lassen und längere, weiter ausholende Schläge machen.*
> *Das bringt uns schneller und energiesparender voran als die*
> *kürzeren verkrampften Tritte mit großen harten Flossen.*

Gut, ich behaupte nicht, daß ich mit meinen Schwimmflossen einen durchtrainierten Wettkampfschwimmer mit Megaflossen einholen könnte. Bei einem Tauchgang schwimmen wir aber für gewöhnlich langsam und sind nur hin und wieder zu einem etwas schnelleren Sprint gezwungen (zum Beispiel wenn ein Taucher versucht, uns zu entwischen).

Wasserscheue Taucher – kein Paradox

Tauchen ist ein Wassersport, und im Wasser wird man bekanntlich naß. So klar, wie die Aussage scheint, ist sie offenbar gar nicht. Viele Taucher sind keine wirklichen Wasserratten, einige sind sogar ausgesprochen wasserscheu. Warum ertragen sie dann freiwillig diese nasse Angelegenheit?

Die Antwort ist ganz einfach: Das unangenehme Empfinden von Nässe spüren wir nur in Verbindung mit Luft. Lediglich die Zeit vor dem kompletten Eintauchen und nach dem Auftauchen fühlen wir uns richtig naß. Ein weiterer Punkt, der so manchen Wasserscheuen vom Tauchen überzeugt, ist: Augen und Nase sind durch die Maske vor dem Wasser geschützt.

Viele Taucher, nicht nur Tauchanfänger, empfinden das Tauchen ohne Maske als unangenehm. Sie betrachten Übungen, die ohne Maske durchgeführt werden, als notwendiges Übel, das man mit zusammengekniffenen Augen und gerümpfter Nase irgendwie überstehen muß, um notfalls Wasser aus der Maske blasen zu können, vor allem aber, um seinen Tauchschein zu bekommen. Jeder Taucher sollte aber bedenken, daß er sich mit dieser Mogelei keinen Gefallen tut, denn sie ist schlichtweg lebensgefährlich. Nicht selten erklären mir Taucher vor dem Checktauchgang: »Maske ausblasen ist kein Problem. Aber eines sage ich dir, ganz nehme ich meine Maske nicht ab!« Oder es springt ein Beginner bei der ersten Übungsstunde im Wasser auf: »Ich hasse es, ohne Maske zu tauchen!« Gewöhnlich antworte ich darauf: »Dann üben wir ohne Maske, bis es dir Spaß macht.« Die meisten Taucher, noch damit beschäftigt, den Schwall Salzwasser auszuschneuzen und sich die Augen zu reiben, halten meine Aussage dann für reinen Sarkasmus. Dabei ist das mein voller Ernst. Jeder kann in kurzer Zeit (manchmal in weniger als einer halben Stunde) lernen, seine Scheu vor dem Wasser zu verlieren. Die einzige Voraussetzung ist: Er muß es wollen.

Um diese unter Tauchern gar nicht so seltene Wasserscheu zu überwinden, gibt es einige recht hilfreiche Übungen. Gut, es ist durchaus möglich, daß du die eine oder andere Lektion als unangenehm betrachtest, sie aber trotzdem beherrschst. Ich lasse auch das Argument gelten: »Es kommt doch nur selten vor, daß man unter Wasser die Maske verliert.« Trotzdem, es können immer wieder Situationen beim Tauchen auftreten, bei denen dir Wasser in Augen, Mund oder Nase gerät. Versuchst du nun diese Situationen so gut wie möglich zu vermeiden, verspannst du unwillkürlich deine Gesichtsmuskeln. Ist dir zum Beispiel der Gedanke, einen Schluck Salzwasser in den Mund zu bekommen, zuwider, wirst du deine Zähne fester zusammenbeißen und mit deinen Lippen das Mundstück krampfhafter umschließen. Findest du Wasser um die Nase abscheulich, wirst du das Gesicht verziehen, sobald etwas Wasser in deine Maske dringt. Das hat dann wiederum zur Folge, daß noch mehr Wasser eintritt. Magst du ohne Maske nicht mit offenen Augen tauchen, preßt du die Augenlider zusammen und verkrampfst alle Gesichtsmuskeln (siehe hierzu auch die Seiten 79/80).

Auch wenn du mit einer negativen Einstellung zum Wasser in der Lage bist, während des Tauchkurses oder eines Checktauchgangs deine Maske auszublasen oder gar eine Zeitlang ohne Maske zu schwimmen, so sieht die Sache ganz anders aus, wenn du dich in einer wirklichen Notsituation befindest. Körperliche Verspannungen begünstigen immer psychischen Streß. Vom psychischen Unbehagen zur Panik ist es manchmal aber nur ein kleiner Schritt. Das muß nicht heißen, daß du zwangsläufig den Ernstfall nicht meistern könntest. Bessere Chancen, im Notfall richtig zu reagieren, hättest du allerdings mit einem entspannten Körper und einer positiven Einstellung zum nassen Element.

> *Wasserscheu ist eine grundsätzliche Lebenseinstellung*
> *und kein unabänderliches, genetisch festgelegtes Verhaltensmuster.*
> *Hast du dich einmal für den Tauchsport entschieden,*
> *solltest du auch eine positive Einstellung zum Element*
> *Wasser gewinnen.*

Wassergewöhnung

Salzwasser ist, ich gestehe es ein, keine Köstlichkeit. Einen Schwall Wasser durch die Nase einzuziehen ist ein unangenehmes Gefühl. Ohne Maske sehen wir unter Wasser alles verschwommen, und manchmal brennen die Augen ein wenig. So richtig schrecklich wird das alles aber nur, wenn du dich gegen das Wasser sträubst und deiner Imagination erlaubst, Qualen heraufzubeschwören, die rational betrachtet nicht vorhanden sind. Erforschst du freiwillig und bewußt das Element, wirst du feststellen, daß es dir wenig anhaben kann.Wie kann man sich nun bewußt an das Wasser gewöhnen?

 Nimm einen Schluck Salzwasser, spüle deinen Mund damit und spucke es wieder aus!

Konzentriere dich auf den Geschmack und darauf, wie er sich langsam verflüchtigt. Beim zweiten Schluck wirst du feststellen, daß der Salzgeschmack schon weniger intensiv ist.

 Als nächstes nimmst du unter Wasser deinen Automaten aus dem Mund. Öffne deinen Mund weit und lasse dabei langsam Luft entweichen. So kannst du kein Wasser in den Mund bekommen. Um zu atmen, steckst du den Automaten wieder zurück. (Du erinnerst dich: erst ausatmen, dann einatmen.) Jetzt nimm ihn wieder aus dem Mund! Diesmal ziehst du jedoch bewußt Wasser ein und stößt es wieder aus, indem du ausatmest!

Wiederhole das immer wieder während des Tauchkurses oder während eines Tauchgangs, bis es zur Spielerei wird und keine lästige Übung mehr darstellt. Was geschieht, wenn du dich verschluckst? Dann mußt du husten. Kein Problem! Das kannst du unter Wasser genauso wie an Land. Du mußt allerdings deinen Automaten dabei im Mund lassen. Probiere es zunächst einmal über Wasser aus, bevor du unter Wasser einen Hustenanfall simulierst.

Wesentlich mehr Überwindung wird es dich kosten, wenn ich dich auffordere, freiwillig Wasser durch die Nase einzuziehen. Schon der Gedanke daran wird dich womöglich in Angst und Schrecken versetzen. Tu es trotzdem!

Es ist wirklich halb so schlimm, und vielleicht wird dich diese kleine »Quälerei« einmal vor einer Panik mit schweren Folgen bewahren können. Versuche, mit so wenig Abscheu wie möglich Wasser durch die Nase einzuziehen. Was passiert? Konzentriere dich auf das Brennen in deiner Nase. Ist es wirklich unerträglich? Nein, höchstens etwas unangenehm. Nimm bewußt den Schmerz wahr, wie er kommt und bald wieder verschwindet. Was geschieht dann? Du hast den Drang, das Wasser auszuschneuzen. Tu es!

 Probiere das gleiche mit Tauchausrüstung im Flachwasser. Nimm die Maske ab! Zieh Wasser durch die Nase ein!

Konzentriere dich auf dein Befinden. Stelle fest, daß du unter Wasser genauso gut schneuzen kannst wie über Wasser. Solltest du dich dabei verschlucken, huste. Es gibt also keinen Grund, aufzutauchen oder gar in Panik zu geraten, nur weil du Wasser in der Nase hast. Sicher wirst du diese Lektion freiwillig nicht sehr oft ausführen. Das ist auch nicht nötig. Wichtig ist, daß du bewußt wahrgenommen hast, wie der Schmerz kommt, nur kurz anhält und wieder geht. Du weißt jetzt, was dich erwartet, wenn Wasser in die Nase gerät.

 Nimm die Maske ab
und öffne die Augen.

Viele Menschen scheuen sich, beim Schwimmen Wasser in die Augen zu bekommen. Entweder halten sie den Kopf steif aus dem Wasser gestreckt oder sie kneifen die Augen zu, wenn sie mit dem Kopf untertauchen. Der Grund ist offensichtlich: Salz- und Chlorwasser brennt in den Augen, Süßwasser erzeugt zumindest ein unangenehmes dumpfes

Gefühl. Das konnte jeder feststellen, wenn er trotz aller Vorsichtsmaßnahmen einen Spritzer Wasser in die Augen bekam. Kein Wunder, daß
auch viele Tauchanfänger sich zunächst fürchten, unter Wasser die
Augen offenzuhalten. Dabei ist diese Furcht völlig unbegründet, denn
Wasser irritiert die Augen nur in Verbindung mit Luft. Wenn die Augen
ganz unter Wasser sind und keine Luft an die Augen kommt, brennt es
nicht. Probiere es einfach aus. Solltest du am Anfang Schwierigkeiten
haben, die Augen unter Wasser zu öffnen, dann frage dich, ob es nicht
nur deine Erwartungshaltung ist, die dir eingibt, du könntest Wasser an
den Augen nicht ertragen. Immerhin hat dein Unterbewußtsein über
Jahre hinweg Wasser mit brennenden Augen assoziiert.

Gelegentlich kann es allerdings vorkommen, daß dir unter Wasser tatsächlich
die Augen ein wenig brennen. Dafür gibt es verschiedene Ursachen: Entweder
sind dir aufgewirbelte Sandkörnchen, Schwebeteilchen oder eine Luftblase ins
Auge geraten, oder du hast dein Gesicht vor dem Tauchen mit Sonnenschutz-
mittel oder Hautcreme eingerieben, die dir nun in die Augen fließen. Dann
blinzele oder schließe hin und wieder kurz die Augen. Deshalb der Rat: Reibe
vor dem Tauchen das Gesicht nie mit Creme oder Öl ein, denn das brennt nicht
nur in den Augen, sondern läßt auch die Maske undicht werden.
Warum sollst du beim Tauchen ohne Maske überhaupt die Augen öffnen? Die
Gründe liegen auf der Hand: Verlierst du deine Maske (zum Beispiel weil das
Maskenband gerissen ist oder ein anderer Taucher sie dir versehentlich vom
Gesicht getreten hat), mußt du in der Lage sein, sie wiederzufinden oder
deinen Tauchpartner auf dein Problem aufmerksam zu machen. Im Blindflug
geht das schlecht. Außerdem fühlst du dich mit geöffneten Augen sicherer. Das
Sehen ist nun einmal der wichtigste Sinn des Menschen. Dein Sehvermögen
ist im Wasser ohne Maske zwar stark beeinträchtigt, aber verschwommene
Umrisse zu erkennen ist besser, als ganz im Dunklen zu sitzen.

Panik und wie man sie vermeidet

Bislang haben wir uns mit dem Eindringen des Landlebewesens in das für ihn völlig fremde Element Wasser beschäftigt und mit dem Unterbewußtsein, das die Psyche des Tauchers beeinflußt und seine Handlungen steuert. Du hast gelesen, daß »Angst haben« normal ist und zu einem gewissen Grad auch eine Schutzfunktion hat, daß sich diese Angst bei genauer Betrachtung aber in den Griff bekommen läßt, sei es durch logisches Denken, ruhige Atmung und entspannte Bewegung unter Wasser, oder durch Probieren und Erfahren. Des weiteren hast du erfahren (müssen), daß das Denkvermögen unter Wasser eingeschränkt ist – ob du es wahrhaben willst oder nicht! – und somit auch das Reaktionsvermögen verlangsamt ist. Dann haben wir uns ausführlich mit dem Druckausgleich befaßt, ebenso mit der natürlichen Atmung und dem Tarieren – wichtige Voraussetzungen für das Tauchen. Und schließlich gab es hilfreiche Informationen zum Luftverbrauch unter Wasser und darüber, daß Tauchen kein Kraftsport ist, sowie zur Überwindung von Wasserscheu.

Aber was, wirst du jetzt fragen, passiert, wenn ich in Panik gerate? Da das Element Wasser nur bedingt »unser Element« ist, sollten wir uns mit diesem Thema eingehend befassen.

Angst kann das Sprungbrett zur Panik sein, ist aber keineswegs mit ihr identisch. Hat jemand Angst, schlägt sein Herz schneller, sein Atem wird hektisch, er verkrampft sich, zittert vielleicht. Aber er ist klar im Kopf und kann vernünftige Entscheidungen fällen. Panik hingegen läßt den Verstand stillstehen. Sie kennt nur zwei Wege des Handelns: Lähmung oder Flucht.

Beim Tauchen entsteht Panik meistens durch eingebildeten oder tatsächlich vorhandenen Luftmangel. Die Reaktion ist fast immer die Flucht zur Oberfläche. Im Prinzip wäre das nicht das dümmste, wären da nicht die physikalischen Gesetze, denen ein Taucher unter Wasser ausgesetzt ist und ihm das schnelle, unkontrollierte Auftauchen verbieten. Manch ein Paniker begnügt sich nicht mit dem Raketenstart, sondern reißt sich auch noch die Maske vom Gesicht und den Automaten aus dem Mund. Wird der Atemreiz zu stark, kommt es vor, daß er dann unter Wasser einatmet. Zwar führt das nur in seltenen Fällen zum Ertrinken. Doch kann eine Portion Wasser in der Lunge zu einer Schädigung der Atemwege oder der Lunge führen.

Weitaus schlimmere Folgen können entstehen, wenn der Taucher die Luft anhält. Das führt bekanntlich zu einer Lungenüberdehnung oder gar zu einem Lungenriß. Eine weitere Gefahr ist der »Fahrstuhl aufwärts« nach einem längeren Tauchgang in größerer Tiefe. Hier kann es zu einem Dekompressionsunfall kommen. Mehr zu Tauchunfällen siehe Seite 136 ff.

Oft verlaufen Paniken aber gottlob glimpflich. Was jedoch immer zurückbleibt, ist eine im Bewußtsein wie im Unterbewußtsein eingeprägte Todesangst, die sich nur schwer wieder abbauen läßt. Es gibt also eine schlechte Nachricht und eine gute: Die schlechte: Panik ist einfach Horror! Die gute: Fast jede Panik läßt sich vermeiden!

Um Panik zu vermeiden, müssen wir als erstes wissen, wodurch sie entsteht. Es gibt verschiedene Anlässe, und zu jedem Anlaß gibt es Methoden, wie du dich oder deinen Tauchpartner vor einer Panik bewahren kannst.

Panik während der Ausbildung

Anfängerkurse beginnen gewöhnlich im brusttiefen Wasser. Du mußt dich ja erst einmal mit den Übungen vertraut machen. Klappt eine Übung nicht auf Anhieb, kannst du jederzeit aufstehen und den Kopf aus dem Wasser strecken; oder du tauchst aus geringer Tiefe auf. Springst du auf, zum Beispiel weil du dich verschluckt hast, kann man das durchaus als eine Art Panik bezeichnen. Denn würdest du verstandesmäßig handeln und keinem Reflex gehorchen, würdest du unter Wasser ganz einfach husten und dann deine Übung fortsetzen. So eine »Minipanik« in der ersten Stunde ist nicht schlimm, denn noch ehe sich die negative Erfahrung in dein Unterbewußtsein eingravieren kann, bist du schon wieder in Sicherheit.

Als nächstes wirst du deine im Flachwasser erlernten Lektionen in einer Tiefe von 2 bis 5 Meter wiederholen müssen. Ein Moment der Unachtsamkeit genügt: Du atmest beim Abnehmen der Maske durch die Nase ein und schon bist du wie ein Blitz an der Wasseroberfläche.

Bei solchen Beginnerpaniken kommt es nur selten zu körperlichen Schädigungen. Meistens entstehen diese Paniken dadurch, daß der Tauchschüler Wasser durch Mund oder Nase einatmet. Da er dadurch husten muß, hält er die Luft nicht an. Somit kann es zu keinem Lungenbarotrauma kommen. Die Schrecksituation dauert jedoch lange genug, um massive Ängste aufzubauen, zumal der Tauchschüler nach dem Aufstieg nicht gleich festen Boden unter den Füßen hat. Auch an der Oberfläche muß er noch eine Weile vermeintlich »um sein Leben kämpfen«. So ist es wohl selbstverständlich, daß wir unser Möglichstes versuchen sollten, auch schon diese Beginnerpaniken zu vermeiden. Wie machst du das?

Erlerne nicht nur die Technik einer Tauchübung, wie Maske ausblasen oder Wechselatmung, sondern erkenne auch deine Gefühlsängste, die unweigerlich hinter jeder neuen Übung stehen. Erkannte Gefühlsängste kannst du mit Verstand beseitigen.

Praktiziere nicht nur perfekte Übungen im Flachwasser. Probiere bewußt Mißgeschicke aus! Was ist das für ein Gefühl, wenn du Wasser in die Nase bekommst? Wie kommst du damit zurecht, wenn dein Automat Wasser zieht? (Wie das im einzelnen geht, wird im Kapitel »Techniken, die jeder Taucher beherrschen muß« behandelt.)

Panik durch Überatmen

Wenn du beim Joggen übertreibst, kommst du außer Puste. Das ist kein Problem. Du gehst einfach langsamer oder setzt dich hin und ruhst dich aus. Du würdest deshalb niemals Angstzustände bekommen oder in Panik geraten. Ganz anders ist das beim Tauchen. Unter Wasser arbeitet dein Verstand auf

Sparflamme. Er räumt deinen Gefühlen wesentlich größeren Raum ein als in deiner normalen Landumgebung. Strengst du dich an, beispielsweise wenn du gegen eine Strömung ankämpfst oder »Speedy Gonzales« zum Tauchpartner hast, braucht dein Körper mehr Sauerstoff. Dein Atem wird tiefer und schneller, bis du zu einem Punkt kommst, an dem du glaubst, dein Automat gibt nicht mehr genug Luft. Würde nun dein Verstand so klar funktionieren wie an Land, würdest du das einzig Richtige tun, nämlich anhalten und verschnaufen. Dein Gefühl aber signalisiert bei Luftknappheit unter Wasser einfach Angst. Dabei ist das Gefühl nicht imstande zu analysieren, woher diese Angst kommt. Die Angst vorm Ersticken vermischt sich mit der Angst, von der Strömung weggerissen oder von deinem Tauchpartner im fremden Element allein gelassen zu werden. Das erklärt, weshalb viele Taucher, wenn sie außer Atem kommen, noch eifriger versuchen, ihr Ziel zu erreichen, anstatt sich auszuruhen. Natürlich führt dieses Verhalten zur Überatmung und damit unweigerlich zu Panik. Da unter Wasser das Denkvermögen nun einmal reduziert ist, wollen wir über Wasser ein bißchen Vorarbeit leisten.

Denke vor jedem Tauchgang bewußt darüber nach, daß deine Atmung beim Tauchen der wichtigste Faktor überhaupt ist. Deine Atmung regelt das körperliche wie das psychische Wohlbefinden. Wenn du ruhig atmest, kannst du einfach nicht in Panik geraten.

Mußt du gegen eine Strömung schwimmen, tue das mit Verstand. Finde einen Atemrhythmus, der dir angenehm ist. Konzentriere dich auf diesen Rhythmus.

Bewege dich locker und gerade so schnell, daß sich dein Atem nicht verändern muß. (Im Kapitel »Tauchen unter besonderen Bedingungen« findest du noch ein paar Tips, wie du am einfachsten und sichersten mit einer Strömung zurechtkommst).

Panik vor dem Abtauchen

Da diese Situation öfter eintritt, als man sich vorzustellen vermag, schildere ich sie etwas ausführlicher.

Sylvia gehörte nicht zu den ängstlichen Typen. Im Kurs hatte sie schnell die Scheu vor dem Wasser verloren. Jetzt beherrschte sie die wichtigsten Tauchübungen auch schon in größerer Tiefe tadellos. Wir waren am Hausriff bis auf 18 Meter abgetaucht. Sie atmete ruhig, verbrauchte wenig Luft und bewegte sich entspannt. »Tauchen ist toll!« schwärmte sie nach ihrem ersten Tieftauchgang, »ich fühle mich wie ein Fisch im Wasser.«

Nun war es endlich soweit: Der erste Bootstauchgang war angesagt. Ein wenig Herzklopfen vor dem Sprung vom Boot gestand sie mir ein. Das kurze Zögern vor dem Schritt ins Leere war ganz normal. Plumps, nun trieb Sylvia mit aufgeblasenem Jacket an der Oberfläche. Sie überprüfte, ob ihre Maske richtig saß, und steckte den Automaten in den Mund. Auf mein O.K.-Zeichen antwortete sie mir überzeugend. Doch kaum hatte sie die Luft aus dem Jacket gelassen und war mit dem Kopf untergetaucht, begann sie mit Flossen und Armen wie wild zu paddeln, um ja nicht unterzugehen. Sie riß sich den Automaten aus dem Mund und schnappte nach Luft, als wäre sie kurz vor dem Ersticken.

Diese Reaktion beim ersten Bootstauchgang war mir nicht fremd. Ich war sofort zur Stelle, ließ Luft in ihr Jacket, hielt sie fest und beruhigte sie mit Worten. Gerechnet hatte ich damit, aber nicht unbedingt bei Sylvia. Nachdem sich Sylvia gefaßt hatte, nahm ich sie an die Hand und dirigierte mit meiner freien Hand ihren Atemrhythmus, wobei ich ihr den Blick in die Tiefe verdeckte. Wir tauchten ab. Nach wenigen Minuten ließ ich ihre Hand los. Sylvia schien sich wieder wie ein Fisch im Wasser zu fühlen.

Was beim ersten Abtauchversuch in sie gefahren war, konnte sie mir später nicht erklären. Sylvia hatte keine Angst vorm Tauchen. Sie war auch eine gute

Schwimmerin und scheute sich nicht, im tiefen, offenen Gewässer zu schwimmen. War es vielleicht die schon erwähnte Angst vor dem Fallen, die Sylvia plötzlich überkam? Nein. Die Angst vor dem Fallen äußert sich nur, wenn wir uns in einer für uns luftumgebenen Wesen ungewöhnlichen Lage befinden, also in der Waagerechten schweben oder seitlich umkippen. Meist sind wir uns dieser Angst gar nicht bewußt. Lediglich ein krampfhaftes Vorstrecken oder Rudern mit den Armen sind äußere Anzeichen dafür. Sylvia »stand« senkrecht im Wasser. Für uns zweibeinige Landlebewesen eine gewohnte Position, aber eben nur, solange wir an Land sind. Im Wasser ist es die Stellung des Ertrinkenden. Sylvia, wie andere Tauchanfänger vor ihr, fürchtete unterzugehen und zu ertrinken. Wie irrsinnig! Sie hatte ihren Automaten im Mund, bekam also genügend Luft. Und untergehen ist nun einmal der Sinn des Tauchens.

Wieso hatte Sylvia keine Angst, als sie am Hausriff abtauchte? Am Hausriff steckte sie im flachen Bereich den Kopf unter Wasser. Dort, wo man jederzeit aufstehen und den Kopf wieder aus dem Wasser recken kann, lauert keine Gefahr. Das hatte ihr Unterbewußtsein schon bei den Übungsstunden kapiert. Wir tauchten vom Flachen bis zur Riffkante, wo das Riff bis auf über 20 Meter abfiel. In der Zeit, bis wir die Riffkante erreichten, konnte sich das landorientierte Unterbewußtsein auf Wasserverhalten einstellen. Vor der Tiefe hatte Sylvia keine Angst. So war das Abtauchen am Hausriff kein Problem.

Was geschah dagegen beim Bootstauchgang? Nachdem Sylvia die Schrecksekunde nach dem Sprung überwunden hatte, trieb sie ruhig an der Oberfläche. Ihr Kopf ragte aus dem Wasser. Das luftgefüllte Jacket gab ihr sicheren Halt. Auch wenn sie bereits den Automaten im Mund hatte, identifizierte ihr Unterbewußtsein sie als das, was sie war: ein im Wasser treibendes Landlebewesen. Gefahr meldete das Unterbewußtsein nicht, denn Landlebewesen können sich unbeschadet im Wasser aufhalten, solange sie nicht unter Wasser atmen. Als Sylvia die Luft aus dem Jacket ließ, sank ihr Kopf unter Wasser. Sie atmete. Sie bekam auch genügend Luft. Eigentlich bestand kein offensichtliches Problem. Nur konnte ihr Unterbewußtsein sie nicht schnell genug in der Rolle als Pseudofisch einordnen. Es setzte Atmen unter Wasser mit Ertrinken gleich. Was kann man dagegen tun?

Gib deinem Unterbewußtsein nur einen Moment Zeit, um sich vom Element Luft zu lösen und auf das Element Wasser einzustellen. Bevor du zum Abtauchen die Luft aus deinem Jacket herausläßt, stecke den Automaten in den Mund, tauche das Gesicht unter Wasser und atme ruhig. Schau dir den Grund an. Denke bewußt daran, daß du da hinunter möchtest.

Seit ich meinen Tauchschülern diese einfachen Tips gebe, sind Paniken beim Abtauchen nur noch äußerst selten vorgekommen.

Panik, weil wir keine Fische sind

Mancher kann auch ohne ersichtlichen Grund in Panik geraten. Man verspürt einfach eine Beklemmung, steigert sich in Angst hinein, und plötzlich sieht man nur noch einen Ausweg: Schnellstart nach oben. Meist passiert das in kalten, dunklen Gewässern, Grotten, Höhlen oder Wracks, oder wenn man alleine taucht (was du nie tun solltest).
Eingeschränktes Sehvermögen, eingeschlossen sein, Einsamkeit – davor haben wir im tiefsten Inneren Angst. An Land haben wir mehr oder weniger gelernt, diese Ängste ganz tief in unserem Unterbewußtsein zu halten oder zu bewältigen, denn hier können wir uns frei bewegen, ablenken, sind »in unserem Element«. Kommt zu diesen Ängsten aber noch die Erkenntnis, daß wir Menschen keine Fische sind und unter Wasser eigentlich gar nicht leben können, ist unser Unterbewußtsein überfordert: Unsere Furcht tritt offen zutage. Wie kann man gegen eine grundlose Panik ankommen?

Taste dich langsam an Situationen heran, vor denen du Angst hast. Bleibe in einem kalten, dunklen See so lange im flacheren Wasser, bis du dich wirklich wohl und sicher genug fühlst, um tiefer zu gehen. Ängste vor Grotten und Überhängen lassen sich gut mit der Hilfe eines einfühlsamen Tauchpartners bezwingen. Tauche nicht in Höhlen oder in Wracks, wenn du darin Beklemmungen bekommst!

Bekommst du trotz dieser Vorsichtsmaßnahmen Beklemmungen, zeige es deinem Tauchpartner frühzeitig an und nicht erst, wenn du kurz vor der Panik stehst. Beendet notfalls den Tauchgang.

Panik in der Tiefe

Die meisten schwerwiegenden Unfälle durch Panik passieren jedoch nicht den Tauchanfängern oder ängstlichen Tauchern. Ganz im Gegenteil. Überwiegend sind es die Profis, nicht selten Tauchlehrer, die das Tauchen in der Statistik als gefährliche Sportart an die Spitze treiben.

Der Profi mit tausend Tauchgängen wird kaum in Panik geraten, wenn er Wasser in die Nase bekommt oder gegen eine Strömung ankämpft. Er hat kein Herzklopfen mehr, bevor er ins Wasser springt. Sein Verstand weiß ja: Tauchen ist schön! Da passiert schon nichts. Das Unterbewußtsein ist auch schon soweit trainiert, daß es ihn als Pseudofisch akzeptiert, sobald er den Automaten in den Mund steckt. Ängste, die zu Beginn des Taucherdaseins vorhanden waren, sind weitgehend abgebaut.

Oft sind aber auch die Verstandesängste verschwunden, die auf real existierenden Gefahren beruhen. Tauchen ist zur Routine geworden. Unser Profi traut sich immer mehr zu, geht tiefer, macht vielleicht hin und wieder einen Dekotauchgang. Wie bei anderen Sportarten wird er mit zunehmender Sicherheit in Versuchung geraten, seine Grenzen auszutesten. Aber gerade dabei unterscheidet sich Tauchen von anderen Sportarten. Beim Skifahren, Bergsteigen oder Marathonlauf sind es der Körper und die Willenskraft, die dem Menschen Grenzen setzen, beim Tauchen sind es die physikalischen und physiologischen Gesetze.

Da die Gefahren beim Tauchen, wie Dekompressionsunfall, Barotraumen, Tiefenrausch oder Sauerstoffvergiftung, nicht offensichtlich sind, sondern sich in unserem Körperinneren abspielen, können wir sie uns schwer vorstellen. Was wir mit unserer Phantasie nicht erfassen können, ängstigt uns auch wenig. Hinzu kommt, daß unser Verstand unter Wasser ja bekanntlich auf Sparflamme arbeitet.

Ab etwa 40 Meter Tiefe (manchmal schon bei 30 Meter oder aber erst ab 50 oder gar 60 Meter) kann bei jedem Taucher – egal ob Anfänger oder Profi – ein Tiefenrausch auftreten. Die Hauptursache für diese Erscheinung liegt im erhöhten Stickstoff- oder Edelgaspartialdruck auf das Nervensystem. Aber auch die körperliche und seelische Tagesverfassung sowie äußerliche Faktoren wie schlechte Sicht, Kälte etc. spielen eine Rolle, und daß Alkohol und Medikamente sich verstärkend auf die Symptome auswirken, sollte wohl jedem klar sein. Der Tiefenrausch ist für jeden Taucher eine unberechenbare Größe. Das Denkvermögen wird auf ein Minimum gedrosselt, es kommt zu unkontrollierten Handlungen, ja es kann vorübergehend sogar zum totalen Blackout kommen. Die Palette der Empfindungen reicht von Euphorie bis zu Halluzinationen. Der Wunsch, noch weiter abzutauchen, mag aufkommen, und manch einer reißt sich gar den Automaten aus dem Mund in dem Glauben, selbst ein Fisch zu sein.

In einem lichten Moment braucht der Taucher nur auf seinen Tiefenmesser zu schauen und festzustellen, daß er immer tiefer sinkt, weil er in seiner Glückseligkeit vergessen hat zu tarieren – schon kann sich bei dem Gedanken an die haushohe Wassersäule über ihm Panik einstellen. Sollte dann aus diesen Tiefen ein Panikaufstieg folgen, so endet er oft mit schweren körperlichen Schädigungen (Lungenbarotrauma, Dekompressionskrankheit, siehe S. 138 ff.) oder gar dem Tod.

Das erhöhte Risiko beim Tieftauchen läßt sich durch eine vorsorgliche Verhaltensweise verringern, ausschließen läßt es sich jedoch nie. Im Kapitel über das Tieftauchen (siehe S. 102 ff.) gebe ich den Tieftauchfanatikern ein paar Tips, wie sie in ihrer Unvernunft etwas vernünftiger sein können.

> *Die einzige Maßnahme, die hundertprozentig vor einer Panik in der Tiefe schützt, ist: Flossen weg vom Tieftauchen!*

Ein Tauchgang in geringeren Tiefen macht ohnehin mehr Spaß. Es gibt meistens mehr zu sehen, das Licht ist besser und dir bleibt mehr Zeit, den Tauchgang zu genießen.

Partnerschafliches Tauchen:
die beste Waffe gegen Panik

Versuche nicht, mit deinem Tauchpartner oder der Gruppe Schritt zu halten, wenn dir das Tempo unbehaglich ist. Beim Tauchen richtet man sich immer nach dem schwächsten Mitglied der Gruppe. Bist du das schwächste Mitglied, gib es zu! Das ist keine Schande.

> *Ein guter Taucher ist nicht der, der das Riff am schnellsten umrundet oder am tiefsten taucht. Ein guter Taucher ist der, der sowohl für sich wie für seinen Partner verantwortungsbewußt handelt.*

Zeige beizeiten an, wenn es dir zu schnell wird. Ist dein Partner schon weiter entfernt und du merkst, du kommst außer Atem, halte an. Ein guter Partner wird sich nach dir umdrehen und feststellen, wenn du nicht hinterherkommst. Tut dein Partner das nicht, bist du ohne ihn sowieso besser dran. Solltest du deinen Tauchpartner aus den Augen verlieren, bleibe ruhig. Verschnaufe erst einmal. Schwimme langsam in die Richtung, in die er entschwunden ist. Wenn du ihn nach einer kurzen Weile nicht wiederfindest, mache dich langsam an den Aufstieg.

Partnerschaftliches Tauchen ist das beste Mittel, Panik gar nicht erst entstehen zu lassen. Beobachte deinen Tauchpartner. Wer den Tauchgang führt, ist verantwortlich dafür, daß das Team zusammenbleibt. Wenn du merkst, dein Partner ist unsicher oder ängstlich, nimm ihn am besten an die Hand. Spürst du Angst oder Panik bei dir selbst aufsteigen, zeige es deinem Partner an. Auch das starke Geschlecht sollte sich nicht genieren, Händchen zu halten, wenn Not am Mann ist.

> *Tauche nie allein!*

Techniken, die jeder Taucher beherrschen muß

Sehen wir einmal von der Atemtechnik und dem Tarieren ab, gibt es nur drei für das Tauchen lebensnotwendige Grundübungen:

- Wechselatmung,
- Maske ausblasen,
- Aufstieg ohne Geräteatmung.

Da die Beherrschung dieser Techniken so außerordentlich wichtig ist, wird ihnen ein eigenes Kapitel gewidmet. Hier möchte ich aber nicht nur den praktischen Ablauf der Übungen beschreiben (denn den könntest du viel besser gleich beim Tauchkurs lernen), sondern auch auf wichtige Einzelheiten eingehen, die oft keine Beachtung finden. Technisch gesehen sind diese Übungen kinderleicht. An Land würde es nur wenige Minuten dauern, bis du die Aufgaben theoretisch begriffen hättest und in der Praxis ausführen könntest. Leider nützt es aber gar nichts, wenn du die Übungen im Trockenen beherrschst. Begibst du dich nun ins Wasser, wo die Wechselatmung oder das Ausblasen der Maske wirklich einen Sinn ergibt, wirst du bald feststellen, daß die Sache hier weniger »einfach« funktioniert. Manche Tauchanfänger haben sogar massive Schwierigkeiten damit. Warum? Am technischen Ablauf der Handlung hat sich doch nichts geändert.

Wieder einmal stoßen wir auf das Hauptproblem beim Tauchen: die Ängste, allen voran die unbewußten Gefühlsängste. Aber du weißt inzwischen, daß die (meist unbegründeten) Gefühlsängste ihre Macht über dein Tun verlieren, sind sie erst einmal erkannt. Du brauchst nur logisch über deine Handlung nachzudenken. Außerdem mußt du durch systematische Gewöhnung dein Unterbewußtsein davon überzeugen, daß es nichts zu befürchten gibt.

Wechselatmung

Wechselatmung bedeutet, daß zwei (oder mehr) Taucher abwechselnd aus einem Atemregler atmen.

Wie wichtig diese Übung ist, siehst du sicher ein. Wir haben es beim Tauchen mit zwei Unsicherheitsfaktoren zu tun: der Technik und dem Menschen. Ein Atemregler kann versagen (wenn auch selten), ein Hochdruckschlauch platzen; ein Taucher kann das Flaschenventil nicht ganz aufdrehen (manche Ventile schließen sich bei geringer werdendem Druck, wenn sie nicht ganz geöffnet sind) oder vergessen, auf sein Finimeter zu schauen (was bei der Vielzahl an neuen Eindrücken gerade bei einem Anfänger verständlich ist). Du siehst, es ist durchaus möglich, daß dir oder deinem Tauchpartner einmal in der Tiefe die Luft ausgeht. Die Wechselatmung bewahrt dich dann vor einem Notaufstieg. Ein schneller, unkontrollierter Aufstieg, vor allem aus größeren Tiefen, birgt die Gefahr eines Lungenbarotraumas oder eines Dekompressionsunfalls (selbst wenn in der Nullzeit getaucht wurde), auch das haben wir bereits gehört.

Ist Wechselatmung noch aktuell ?

Seit die meisten Atemregler mit einem Octopus (einer zusätzlichen zweiten Stufe) ausgestattet sind, gerät die Wechselatmung immer mehr aus der Mode. Einige Tauchschulen lehren ihren Schülern, auf das Zeichen KEINE LUFT dem Partner gleich den Octopus anzubieten. Die Wechselatmung üben sie manchmal gar nicht mehr. Der Octopus ist eine tolle Sache und zweifellos ein Schritt in Richtung Tauchsicherheit. Aber ist die Wechselatmung wirklich überflüssig geworden? Nein! Die meisten Taucher tauchen heute mit Octopus, aber eben nicht alle. Ist ein Taucher ohne Octopus dir am nächsten, wenn du plötzlich in 30 Meter Tiefe keine Luft hast, hilft dir die Kenntnis der Wechselatmung mehr, als dich über die veraltete Ausrüstung des Partners zu mokieren.

Auch eine andere Frage stellt sich: Ist es wirklich am sichersten, einem Taucher, der keine Luft mehr hat, gleich den Octopus anzubieten? Ich bin der Meinung: Nein! Hier ein Fall aus der Praxis.

Ich führte mit einem Taucher, nennen wir ihn Hans, einen Checktauchgang durch. Hans hatte über zweihundert Tauchgänge im Logbuch stehen und ich lernte ihn bei späteren Tauchgängen als erfahrenen, ruhigen und umsichtigen Tauchpartner schätzen. Trotzdem passierte ihm bei diesem Checktauchgang ein kleines Mißgeschick: Nachdem ich Hans genügend Zeit gegeben hatte, seine Ausrüstung zu checken und sich an das Wasser zu gewöhnen, schwamm ich auf ihn zu und gab ihm das Zeichen KEINE LUFT. Wie nicht anders erwartet, reagierte Hans augenblicklich. Er zog seinen Octopus hervor und schob ihn mir in den Mund. Ich atmete aus. Aber anstatt meine Ausatemluft blubbern zu hören, bekam ich dicke Backen. Überhaupt fühlte sich das Mundstück etwas unbequem an, und da auch kein Bläschen Luft herauskam, beschloß ich, das Ding auszuspucken und mir meinen eigenen Automaten wieder zu angeln.

Was war passiert? Hans hatte vergessen, den Schutzstöpsel aus dem Mundstück zu ziehen. Wäre das im Ernstfall geschehen, hätte diese kleine Vergeßlichkeit fatale Folgen haben können.

Sollte man demzufolge die Schutzstöpsel für die Mundstücke abschaffen? Aber was geschieht, wenn der Octopus dann versehentlich über den Sand schleift? Setzen sich Sandkörner unter die Membran der zweiten Stufe, kann der Automat Wasser ziehen. Ein bißchen Wasser im Automaten ist kein Problem, es sei denn, du hast Luftnot und stehst kurz vor einer Panik. Natürlich kann man einen Octopus ohne Schutzstöpsel auch so anbringen, daß er nicht im Sand schleift. Was aber, wenn eine Kakerlake über Nacht die Ausatemmembran zerfressen hat (in den Tropen keine Seltenheit, Kakerlaken haben nämlich eine Vorliebe für Silikon)? Überprüft wirklich jeder Taucher bei jedem Tauchgang seinen Octopus über und unter Wasser, ob er makellos funktioniert? Weiß jeder Taucher auf Anhieb, wo sein Octopus zu finden ist und ob er sich nicht irgendwo verheddert hat?

Mit Sicherheit weißt du, daß die zweite Stufe, die du im Moment im Mund hast, einsatzbereit ist. Mit Sicherheit ist das auch die am schnellsten erreichbare Luftquelle, wenn es darum geht, einem Taucher aus akuter Luftnot zu helfen. Deshalb solltest du einem Taucher, der keine Luft mehr hat, als erstes das Mundstück anbieten, aus dem du gerade noch geatmet hast. Dir bleibt dann genug Zeit, nach deinem Octopus zu greifen und selbst daraus zu atmen. Hat sich dein Partner nach ein paar Atemzügen beruhigt, könnt ihr die zweiten Stufen wechseln. Oft hat der Octopus einen längeren Schlauch, was dir und deinem Tauchpartner mehr Bewegungsfreiheit gibt. Sollte dein Octopus aus irgendeinem Grund nicht einwandfrei funktionieren, hast du genug Luft, um dich ruhig auf die Situation einzustellen oder notfalls mit deinem Partner unter Wechselatmung aufzusteigen.

> *Wenngleich der Octopus in einer Notsituation eine große Hilfe darstellt, so darf doch auf das Erlernen und Üben der Wechselatmung nicht verzichtet werden!*

Auch wenn eine Übung noch so leicht erscheint, ist es beim Tauchenlernen immer besser, den Gesamtablauf in einzelne Abschnitte zu gliedern und systematisch aufzubauen. So können sich unkomplizierte Bewegungsabläufe schneller und intensiver in das Unterbewußtsein einprägen. Außerdem können Ängste leichter aufgespürt und beseitigt werden.

Bei der Wechselatmung gibt es drei Situationen, vor denen du dich bewußt oder unbewußt fürchten könntest:

- Wasser in den Mund zu bekommen,
- dich zu verschlucken,
- keine Luft zu bekommen.

All diese Ängste lassen sich durch schrittweises Herantasten an die Wechselatmung abbauen. Die folgenden Übungen sind deshalb sehr wichtig und sollten von jedem Tauchanfänger durchgeführt werden.

Richtige Haltung des Mundstücks bei der Wechselatmung. Der Luftspender behält sein Mundstück in der Hand, wobei die Luftdusche frei bleibt. Der Taucher ohne Luft greift über die Hand des Luftspenders und läßt sie während der Wechselatmung nicht los.

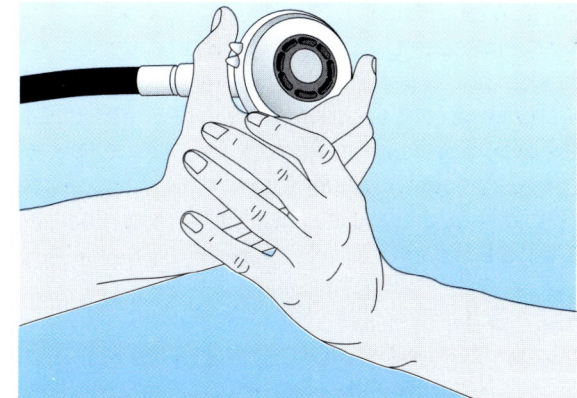

Richtige, alternative Haltung des Mundstücks. Vorteil: Die Luftdusche kann nicht aus Versehen zugehalten werden. Nachteil: Der Luftspender hat weniger Gefühl, wenn er einem nervösen Taucher das Mundstück richtig in den Mund plazieren muß.

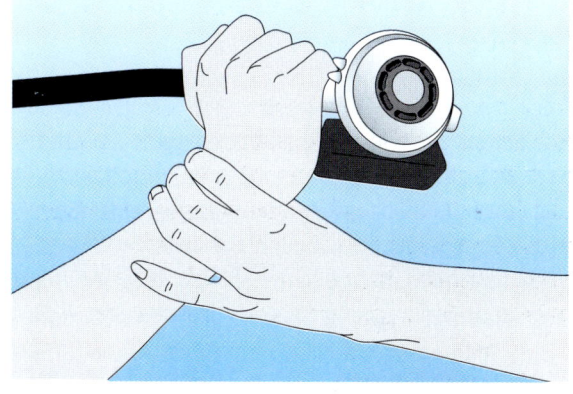

Falsche Haltung: Die Luftdusche ist abgedeckt. Ein Taucher ohne Luft kann so die Luftdusche nicht bedienen. Manche Automaten geben auch keine Luft, da zwischen Hand und Membran ein Unterdruck entsteht.

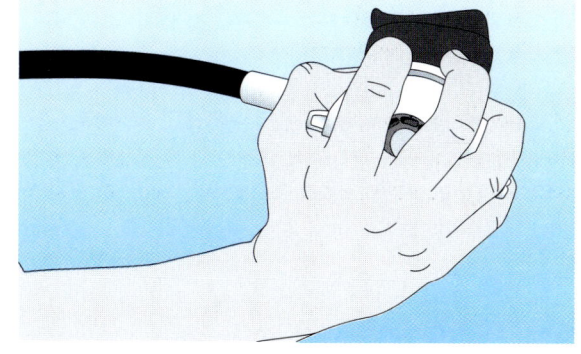

Erste Vorübung:
Das Herein- und Herausnehmen des Atemreglers

Als erstes nimmst du unter Wasser dein Mundstück aus dem Mund und steckst es dann wieder hinein. Kinderleicht, wirst du ausrufen. Irre dich nicht, schon bei dieser simplen Lektion gibt es einiges zu beachten. Außerdem stößt du auf sämtliche Ängste, die sich bei der Wechselatmung aufbauen können.

 Ergreife deinen Automaten
mit der rechten Hand.

Gewöhne dich von Anfang an daran, die zweite Stufe so zu halten, daß du die Luftdusche nicht abdeckst.

 Atme ein.

Halt! Pumpe dich nicht auf wie ein Luftballon in der Befürchtung, du müßtest längere Zeit ohne Luft auskommen. Atme nicht tiefer ein als vorher. »Warum?« wirst du fragen. »Mit einer vollen Lunge kann ich doch länger die Luft anhalten.« Was in der Theorie so logisch erscheint, ist in der Praxis nicht der Fall. Blähst du deine Lungen auf, verspürst du einen unangenehmen Druck im Brustbereich – du verkrampfst dich. Das löst psychisches Unbehagen aus, sprich unbewußte Ängste. Der Atemreiz meldet sich wesentlich früher als bei einer entspannten, nur mäßig gefüllten Lunge. Das kannst du auch an Land leicht ausprobieren.
Ein weiterer Grund, weshalb du nicht soviel einatmen sollst, ist dein Gewicht. Bist du nicht gerade überbleit, schwebst du unweigerlich nach oben, wenn du dich zu sehr mit Luft vollpumpst.

 Nimm jetzt den Automaten
aus dem Mund.

Das Mundstück zeigt dabei nach unten, die Luftdusche nach oben. Hältst du die Luftdusche nach unten, wirkt ein höherer Wasserdruck auf die Membran der zweiten Stufe. Ist der Automat leicht eingestellt, bläst er so Luft ab.

 Öffne den Mund leicht und laß etwas Luft entweichen.

Natürlich sollst du nicht total ausatmen, denn du benötigst ja noch Luft, um das Wasser aus dem Automaten zu blasen, wenn du ihn wieder in den Mund nimmst.

»Warum muß ich Luft ablassen, wenn ich auf der gleichen Tiefe bleibe?« fragst du. Wie du schon weißt, dehnt sich beim Aufstieg die Luft in deiner Lunge aus. Hältst du beim Aufsteigen den Atem an, besteht die Gefahr eines Lungenbarotraumas. Gerätst du in Panik, bist du nicht mehr in der Lage, vernünftig zu denken; unbewußte Reflexe bestimmen dein Handeln. Gewöhnst du dir an, jedesmal Luft abzublasen, sobald du keinen Automaten im Mund hast, wird sich diese Handlung allmählich in dein Unterbewußtsein als Reflex eingravieren. Dieser Reflex kann dich in einer Paniksituation vor schwerwiegenden Folgen bewahren.

 Schieb dir den Automaten wieder in den Mund.

Öffne deinen Mund weit, wenn du das Mundstück hineinsteckst. Aus Furcht, es könnte Wasser in den Mund gelangen, versuchen manche Tauchanfänger, das Mundstück in den geschlossenen Mund zu schieben, was sich

Schiebt man sich das Mundstück seitlich in den Mund, braucht man ihn nicht so weit aufzureißen.

als ziemlich schwierig erweist. Solange du leicht ausatmest, kann auch kein Wasser in deinen Mund dringen. Schieb dir das Mundstück seitlich hinein; das geht einfacher als von vorn und verhindert, daß durch das weite Mundaufreißen sich die Maske verschiebt und somit Wasser in den Maskeninnenraum eindringt.

 Atme aus, um das Wasser
aus der zweiten Stufe zu blasen.

Du brauchst nicht kräftig zu pusten, wie etwa beim Ausblasen des Schnorchels.

 Nimm einen
Atemzug.

Gewöhne dir an, beim Gerätetauchen wie beim Schnorcheln die Luft nicht mit weit geöffnetem Rachenraum zu inhalieren. »Schlürfe« die Luft. So kannst du verbliebenes Wasser aus Automat oder Schnorchel im Mund herausfiltern, ohne daß es in die Atemwege gelangt.

Führst du diese kleine Übung das erste Mal durch, wirst du wahrscheinlich deinen Automaten recht schnell wieder in den Mund nehmen. Du kannst noch nicht abschätzen, wie lange du ohne Luft auskommst, noch dazu, wenn du dabei ausatmest. Ausatmen, während du deinen Kopf unter Wasser hast, ist etwas, was dein Unterbewußtsein nicht so ohne weiteres akzeptieren kann. Wiederhole diese Übung deshalb öfters. Laß den Automaten immer länger aus dem Mund. Bald wirst du einsehen, daß du gar nicht so bald wieder Luft brauchst. Entspanne dich dabei so gut wie möglich. Versuche aber nicht, mit anderen Tauchschülern zu konkurrieren; das stellt dich und andere nur unter Leistungszwang. Leistungszwang ist Streß, und Streß können wir beim Tauchen überhaupt nicht brauchen.
Die Angst, keine Luft zu bekommen, ist aber nicht die einzige Angst, die bei dieser Lektion auftauchen kann. Was ist, wenn du Wasser in den Mund bekommst und dich verschluckst? Probiere es einfach aus! Öffne deinen Mund

unter Wasser. Zieh Wasser ein und spucke es wieder aus. Versuche zu husten, mit Automat im Mund und ohne. Du wirst feststellen, es geht genauso gut wie im Trockenen. Führe diese Übungen spielerisch und entspannt durch, auch wenn Salzwasser nicht gerade köstlich schmeckt. Versuche, ein positives Verhältnis zum nassen Element aufzubauen.

Zweite Vorübung:
Der Gebrauch der Luftdusche

Als zweite Vorübung zur Wechselatmung lernen wir, mit der Luftdusche umzugehen. Die Luftdusche ist ein Knopf, mit dem du direkten Druck auf die Membran der zweiten Stufe ausüben kannst. Das heißt, wenn du darauf drückst, strömt Luft aus der zweiten Stufe.

 Nimm deinen Automaten
wieder aus dem Mund.

Atme langsam alle Luft aus. Versuche jetzt, mit leerer Lunge so lange wie möglich auszuharren. Entspanne dich! Denke nicht an deinen Luftmangel. Auch mit leerer Lunge kannst du es geraume Zeit ohne zu atmen aushalten, solange du dich nicht davor fürchtest.

 Wenn du wirklich Luft brauchst,
stecke dir den Automaten wieder in den Mund.

Da du diesmal keine Luft mehr hast, um den Automaten auszublasen, drücke auf die Luftdusche. Hierbei mußt du beachten, daß du nicht gleichzeitig auf die Luftdusche drückst und einatmest. Die Luftdusche preßt das Wasser, das sich im Automaten befindet, erst einmal in deinen Mund, bevor es durch das Ausatemventil entweicht. Atmest du zur gleichen Zeit ein, verschluckst du dich womöglich.
Also: Luftdusche kurz drücken – Finger weg von der Luftdusche – und erst dann einatmen.

Dritte Vorübung:
Was tun, wenn ein Automat Wasser zieht?

Es kann immer vorkommen, daß in die zweite Stufe deines Automaten Wasser eindringt. Die Gründe dafür können verschiedene Ursachen haben. Meistens liegt es daran, daß die kleine Ausatemmembran nicht ganz dicht ist. Es können auch ein paar Sandkörner unter die große Membran der zweiten Stufe geraten sein. Vielleicht hast du vergessen, erst deinen Automaten auszublasen, nachdem du ihn aus dem Mund genommen hattest. Oder du schließt die Lippen nicht fest genug über dem Mundstück.

Ein bißchen Wasser im Automaten ist kein Grund zur Panik. Es ist sogar möglich, mit einem »feuchten« Automaten bedenkenlos zu tauchen, vorausgesetzt, du bist es gewohnt. Wenn dir aber bei deinen Tauchanfängen unverhofft in größerer Tiefe der Automat voll Wasser läuft, ist es durchaus verständlich, wenn du dabei etwas unruhig wirst. Deshalb ist es wichtig, auch diese kleine technische Panne im Flachwasser zu üben. Diese Lektion ähnelt der Übung mit der Luftdusche.

 Nimm deinen Automaten aus dem Mund
und atme alle Luft aus.

Probiere auch diesmal, so lange wie möglich ohne Luft auszuharren.

 Stecke den Automaten wieder in den Mund.
Benutze jedoch nicht die Luftdusche, sondern tu das,
was du im Normalfall nicht tun solltest: Atme ein.

Du bekommst ein Gemisch aus Luft und Wasser. Atme vorsichtig, »schlürfe« die Luft. Achte darauf, daß das Wasser im vorderen Mundraum bleibt und nicht in deine Kehle gerät. Solltest du dich trotzdem verschlucken, huste unter Wasser und versuche, ruhig zu bleiben. Beim Ausatmen wird das Wasser aus deinem Mund durch die Ausatemmembran hinausgepreßt. Es besteht also kein Grund, das Wasser zu schlucken.

Wechselatmung als Übung

Die Wechselatmung ist im Grunde eine leichte Übung, bei der es allerdings einige Kleinigkeiten zu beachten gibt. Wir wollen wieder schrittweise vorgehen. Als erstes brauchen wir zwei Taucher. Nennen wir unsere Übungstaucher Luftknapp und Atemreich.

 Taucher Luftknapp hat vermeintlich keine Luft mehr. Er nimmt das Mundstück aus dem Mund, schwimmt zu Taucher Atemreich und zeigt ihm mit deutlichen (!) Handzeichen: ICH HABE KEINE LUFT.

Das Handzeichen muß klar und eindringlich gegeben werden, auch wenn es sich nur um eine Übung im flachen Wasser handelt. Ein wesentlicher Faktor bei der Wechselatmungsübung ist das korrekte Geben und Erkennen des Unterwassersignals und die richtige Reaktion darauf. Das darf nicht nur mit dem bewußten Verstand begriffen werden, sondern ist so oft zu wiederholen, bis es in das Unterbewußtsein dringt. Auf das wichtigste Unterwasserzeichen KEINE LUFT muß jeder Taucher mit dem Reflex reagieren, seinem Partner Luft zu geben.

 Atemreich zieht noch einmal Luft und reicht dann seinen Automaten Luftknapp, wobei er allerdings seinen Automaten festhält.

Der Luftspender gibt seinen Automaten niemals aus der Hand. Denn ein Taucher, dem plötzlich die Luft ausgeht und der dann vielleicht noch einige Meter hinter seinen Partner herpaddeln und sich verständlich machen muß, könnte schon etwas nervös sein. Ob man von diesem Taucher seinen Automaten zurückbekommt, ist fraglich.

 Luftknapp legt seine Hand auf die den Automaten umfassende Hand von Atemreich.

Der Luftspender muß die zweite Stufe seines Automaten so umfassen, daß die Luftdusche frei bleibt. Das ist aus zwei Gründen äußerst wichtig. Zum einen könnte der Taucher, der um Luft bittet, nicht mehr genügend Luft haben, um den Automaten auszublasen, und deshalb auf die Luftdusche angewiesen sein. Zum anderen gibt es Automaten, die keine Luft mehr abgeben, wenn die Hand flach über der Luftdusche liegt, da zwischen der Hand und der Membran der zweiten Stufe ein Unterdruck entsteht.

Viele Tauchschulen lehren die Wechselatmung, indem der Luftspender den Automaten am Schlauch dicht hinter der zweiten Stufe hält. Der Tauchpartner ergreift dann das Handgelenk seines Gegenübers. Auf diese Weise ist es nicht möglich, die Luftdusche aus Versehen abzudecken. Das ist ein großer Vorteil und wert, diese Ausführung der Wechselatmung in Betracht zu ziehen. Ich persönlich ziehe die herkömmliche Weise vor. Insbesondere wenn ich mit Anfängern übe oder mit einem ängstlichen Taucher im Notfall Wechselatmung durchführe, habe ich mehr Gefühl, wenn ich die zweite Stufe umfasse, um dem Taucher das Mundstück richtig in den Mund zu schieben.

Zuweilen wird auch gelehrt, den Automaten ganz aus der Hand zu geben, so daß der Nehmer ihn selbst in den Mund stecken kann. Meiner Meinung nach sollte diese Alternative nur in einer absolut kontrollierbaren und streßfreien Situation durchgeführt werden. Ist ein Taucher (oder beide) nervös, können leicht kleine Pannen auftreten, die zur Panik führen könnten. Der Automat gleitet bei der Übergabe aus der Hand; mit dem durch die Maske eingeengten Gesichtsfeld kann er unter Umständen nicht rasch genug wiedergefunden werden. Oder ein Taucher klammert sich aus Angst am Automaten fest. Sein Partner reißt ihm gerade beim Einatmen das Mundstück aus dem Mund, denn da er keinen Kontakt zu Partner und Automat hatte, konnte er nicht ahnen, in welcher Atemphase sich sein Gegenüber befand. Fazit: In kritischen Lagen ist der Kontakt zur Luftquelle und zum Partner wichtig.

Der Taucher, der keine Luft mehr hat, läßt seine Hand während der gesamten Wechselatmung auf der Hand seines Partners ruhen. Wie schon erwähnt, ist unter Wasser das Gesichtsfeld durch die Maske stark eingeschränkt. Nur wenn du den Automaten beziehungsweise die Hand deines Partners, der den Automaten hält, umfaßt, weißt du jederzeit sicher, wo die Luftquelle zu finden ist.

Luftknapp nimmt das Mundstück in den Mund. Jetzt muß er erst einmal ausatmen beziehungsweise die Luftdusche drücken, sonst würde er Wasser ziehen.

Jedesmal, wenn du einen Automaten in den Mund nimmst, solltest du erst einmal ausatmen. Unter Wasser hat das einen praktischen Zweck. Sowie du den Automaten aus dem Mund nimmst, dringt Wasser in den inneren Teil der zweiten Stufe. Indem du ausatmest, preßt du das Wasser durch das Ausatemventil wieder hinaus. Ich empfehle dir aber, auch im Trockenen den Automaten immer erst auszublasen. Erstens kann noch Restwasser in der zweiten Stufe sein; zweitens vergißt du das im Wasser seltener, was du dir an Land angewöhnt hast.
Hast du im Notfall wirklich keine Luft mehr, um deinen Automaten auszublasen, kannst du die Luftdusche betätigen. Benutze die Luftdusche aber nur im Notfall oder zu Übungszwecken. Manche Taucher haben die Unart, bei der Wechselatmung vor jedem Atemzug die Luftdusche zu drücken. Das ist reine Luftverschwendung. Wenn zwei Taucher im Notfall mit der Restluft aus nur einem Gerät auskommen müssen, ist Luftsparen angesagt!

 Luftknapp nimmt ein oder zwei Atemzüge
(im Bedarfsfall mehr).

Kommt ein Taucher zu dir und macht das Zeichen KEINE LUFT, mußt du davon ausgehen, daß er unter akutem Luftmangel leidet. Vielleicht steht er schon am Rande einer Panik. Bevor du deinen Automaten deinem Tauchpartner reichst, nimm selbst noch einen Atemzug. Das gibt dir Zeit, ihm die Luftquelle für ein paar Atemzüge zu überlassen, bis er sich wieder einigermaßen beruhigt hat.

 Luftknapp überläßt den Automaten wieder Atemreich. Dieser bläst natürlich zunächst das Wasser aus der zweiten Stufe, nimmt nun einen Atemzug und reicht dann den Automaten wieder Luftknapp. Von nun an nimmt jeder Taucher abwechselnd einen Atemzug.

Oben: Korrekte Haltung bei der Wechselatmung: Der Luftspender hält mit der rechten Hand das Mundstück, die linke ist frei, um a) den Computer zu überwachen und b) zum Tarieren. Der Taucher ohne Luft hält sich mit der Rechten an Schultergurt oder Jacket seines Partners fest. Die Linke greift über die »Automatenhand« und bleibt während der gesamten Wechselatmung dort.

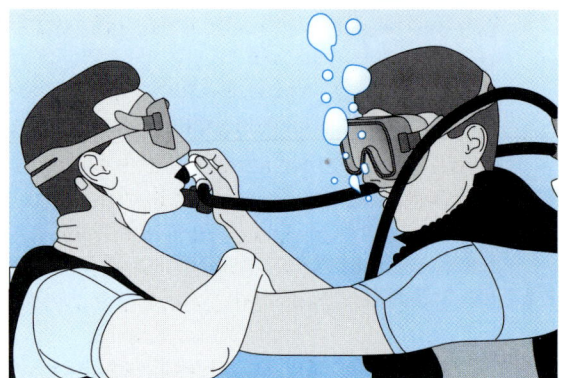

Unten: Ist der Taucher, der keine Luft hat, sehr nervös, hat sich der Griff in den Nacken bewährt. Er gibt festen Halt, um das Mundstück in den Mund des anderen zu schieben, und wirkt beruhigend auf den ängstlichen Taucher.

Manche Tauchschulen lehren die Wechselatmung mit zwei Atemzügen nacheinander. Zweimal hintereinander einatmen und dann für längere Zeit die Luft anhalten entspricht aber keineswegs einem natürlichen Atemrhythmus. Harmonischer und entspannter geht es mit einem Atemzug, was den natürlichen Atemrhythmus kaum stört.

 Der Taucher, der gerade nicht das Mundstück im Mund hat, atmet ein wenig aus. Natürlich nicht ganz, denn er braucht ja noch Luft, um das Wasser aus der zweiten Stufe zu blasen.

Sind im Ernstfall zwei Taucher gezwungen, eine Wechselatmung durchzuführen, werden die beiden kaum auf gleicher Tiefe verweilen, um darauf zu warten, bis die zweite Flasche leer ist. Vielmehr werden sie unter Wechselatmung langsam aufsteigen. Beim Aufstieg dehnt sich die Luft in der Lunge aus. Um eine Überdehnung der Lunge zu vermeiden, muß die überschüssige Luft ausgeatmet werden. Auch wenn du nur im flachen Wasser übst und deine Tauchtiefe nicht veränderst, solltest du dich frühzeitig daran gewöhnen, immer etwas Luft abzulassen, wenn du keinen Automaten im Mund hast.

 Luftknapp hält sich während der Wechselatmung mit der rechten Hand an Atemreichs Arm, Jacket oder der Gerätebänderung fest.

Es ist günstiger, wenn sich der Taucher, der keine Luft mehr hat, bei seinem Partner festhält. So hat der Luftspender seinen linken Arm frei, um bei einem Aufstieg den Tiefenmesser oder Tauchcomputer zu überwachen. Das gilt nicht, sollte der an Luftmangel leidende Taucher sehr nervös sein oder gar auf eine Panik zusteuern. In diesem Fall muß der Luftspender seinen Partner festhalten. Packt der Luftspender dabei sein Gegenüber mit der linken Hand am Nacken, hat er festen Halt, um ihm das Mundstück richtig in den Mund zu schieben. Außerdem wirkt der Griff in den Nacken beruhigend auf den ängstlichen Taucher.

Um sich den Bewegungsablauf besser einzuprägen, empfehle ich, die Wechselatmung erst einmal über Wasser andeutungsweise zu proben.
Es gibt noch eine Anzahl von Variationen der Wechselatmung, beispielsweise Wechselatmung in Bewegung, Aufstieg unter Wechselatmung, Octopusatmung usw. Ich will in diesem Buch aber nicht jede erdenkliche Tauchübung und ihre Technik beschreiben. All das lernst du besser in der Praxis. Mir geht es mehr darum, einen Weg aufzuzeigen, um dich streßfrei an die Übung heranzuführen. Ich möchte dir Verständnis für deine eigenen Ängste vermitteln sowie den Sinn der einzelnen Übungsabläufe erklären. Bist du erst einmal in der Lage, die Grundübung der Wechselatmung entspannt durchzuführen, dürften alle anderen Variationen keine Probleme mehr darstellen.

Maske ausblasen

Wesentlich größere Schwierigkeiten als mit der Wechselatmung haben einige Tauchanfänger (und auch mancher fortgeschrittene Taucher) bei der Lektion »Maske ausblasen«. Rein technisch gesehen ist diese Übung jedoch viel einfacher als die Wechselatmung und läßt sich in wenigen Sätzen erklären:

- Maske fluten.
- Oberen Maskenrand ans Gesicht drücken.
- Kopf etwas nach hinten strecken.
- Durch die Nase ausatmen.

So einfach ist das! Also, wo liegt da das Problem?

Das Problem liegt, wie so oft beim Tauchen, bei den zwei großen »A«: Angst und Atmung. Bei keiner anderen Übung gilt es mehr, Sherlock Holmes zu spielen und in unserem Unterbewußtsein die versteckten Ängste aufzuspüren. Deshalb ist es wichtig, auch diese Lektion schrittweise aufzubauen. Schließlich willst du das Maskeausblasen streßfrei beherrschen und nicht nur mit Ach und Krach irgendwie das Wasser aus der Maske bekommen.

Erste Vorübung:
Tauchen ohne Maske

 Als erstes mußt du atmen – durch den Mund, versteht sich, wie immer beim Tauchen.

»Das kann doch jeder!«
»Auch unter Wasser?«
»Klar!«
»Auch ohne Maske?«
»?!?«
Und da fängt das Dilemma an.

Weshalb fällt es manchen Tauchschülern so schwer, ohne Maske unter Wasser zu atmen? Ich habe die Erfahrung gemacht, daß man diese Schüler in zwei Typen unterscheiden kann: Typ A hat nur mit den verschiedenen Ängsten zu kämpfen; Typ B ist zusätzlich noch reiner Nasenatmer und kann unter Wasser seine Atmung willentlich nicht genügend beeinflussen.

Mit Typ A werde ich bei meinem Unterricht gewöhnlich schnell fertig. Ich erkläre ihm, daß er Angst hat, weshalb er Angst hat und wie sinnlos diese Angst ist. Dann heißt es Kopf unter Wasser. Die meisten meiner Schüler sind recht bald überzeugt, daß mein Spruch »Du übst so lange ohne Maske, bis es dir Spaß macht« nicht ironisch gemeint ist.

Bei Typ B ist es nicht ganz so einfach. Denn er muß erst einmal lernen, seine Atmung zu kontrollieren. Das kann zwar eine extra Stunde kosten, aber lernen kann das jeder, solange er nur will.

Viele Taucher schrecken vor Wasser zurück. Siehe hierzu auch das Kapitel »Wasserscheue Taucher – kein Paradox«. Es ist nicht der weite Ozean mit seiner Naturgewalt und seinen unbekannten Tiefen, der ihnen Angst einflößt, sondern die Wasserspritzer, die das ungeschützte Gesicht treffen.

»Unsinn!« widersprichst du. Wieso verkrampfst du dann deinen Körper und ziehst eine fürchterliche Grimasse, wenn dich jemand vollspritzt? Es ist Angst, auch wenn du es als kalt, naß oder eklig abtust. Zugegeben, es ist eine unsinnige Angst. Also machen wir uns gleich daran, diese unsinnige Angst zu beseitigen:

 Spritz dir das Gesicht voll
oder laß es dir von jemand anderem vollspritzen.

Wichtig ist, daß du deine Gesichtsmuskeln dabei entspannst. Nimm das Gefühl des Wassers auf deiner Haut bewußt wahr. Du wirst feststellen, daß das Wasser keinesfalls kälter oder nasser ist, als wenn du bei der Spritzschlacht dreinschaust wie Frankensteins Monster. Vielleicht löst es sogar angenehme Empfindungen aus, es kitzelt, ist erfrischend und macht dich munter. Ersetze in deinen Gedanken das »igittigitt naß« durch »schön naß, herrlich naß«. Erlange eine positive Einstellung zum Wasser.

Eine positive Einstellung zum Wasser ist vor allem wichtig, wenn du den Versuch unternimmst, ohne Maske unter Wasser zu atmen. Kneifst du die Augen zu, rümpfst die Nase und legst die Stirn in Falten, brauchst du dich nicht über das Gefühl zu wundern, als hättest du einen Kloß in der Kehle. Denn wenn du dein Gesicht verspannst, verspannst du automatisch auch deine Atemwege.

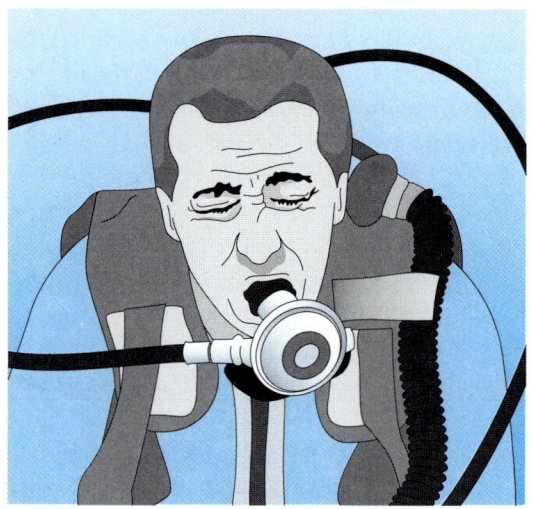

Das läßt sich sogar an Land ausprobieren.

Bist du fest entschlossen, tauchen zu lernen, bleibt dir nichts anderes übrig, als die notwendigen Übungen auszuführen. Eine Wahl bleibt dir allerdings: Du kannst dich gegen die Übungen sträuben oder du kannst sie gern ausführen. Glaube mir, leichter geht es, wenn du freudig und entspannt an die Sache herangehst.

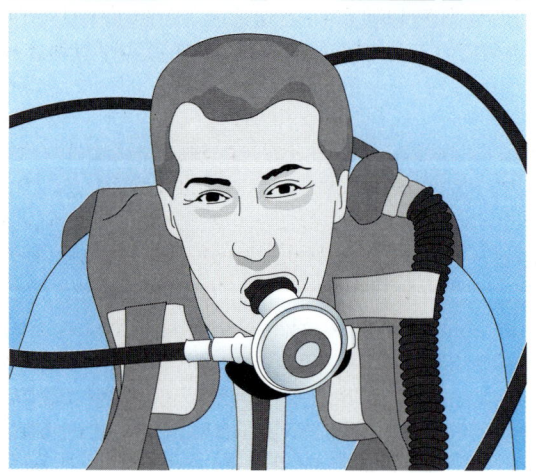

Oben: Mit so einem verkrampften Gesicht kann man sich unter Wasser nicht wohl fühlen und auch nicht ruhig atmen.

Unten: Mit einem entspannten Gesicht macht Tauchen auch ohne Maske Spaß.

Zweite Vorübung:
Augen auf, auch ohne Maske!

Beim Tauchen ohne Maske haben wir es aber nicht nur mit dem »Igittigitt-naß-Syndrom« zu tun. Ein erheblicher Faktor ist die Beeinträchtigung des Sehvermögens. Der Mensch ist hauptsächlich auf seinen Gesichtssinn fixiert. Jede Beeinträchtigung dessen weckt tiefverwurzelte Ängste. Auf einer dunklen, einsamen Gasse drehst du dich häufiger nach jedem Geräusch um als auf einer hellen, einsamen Gasse. Etwas zustoßen könnte dir im Hellen aber genausogut, oder nicht? Ein Keller, in dem das Licht ausgefallen ist, kann zum Schreckenslabyrinth werden. Und weshalb spielen Horrorgeschichten immer nachts?

 Beim Tauchen ohne Maske hast du zwei Möglichkeiten. Du kannst die Augen schließen oder offenhalten. Halte sie offen!

Anfangs wirst du vielleicht dazu tendieren, den Kopf mit geschlossenen Augen unter Wasser zu stecken, weil du befürchtest, daß das Wasser in den Augen brennt. Im Salzwasser ist diese Befürchtung gegenstandslos. Salzwasser brennt nur in den Augen in Verbindung mit Sauerstoff. Im Chlorwasser hingegen kann es zu einer leichten Reizung der Augen kommen. Trotzdem solltest du dich auch im Chlorwasser überwinden, zumindest zeitweise die Augen offenzuhalten.

Hast du die Augen geschlossen, wirken gleich zwei Streßfaktoren auf dich ein: Zum einen ist es dunkel, du weißt nicht, was um dich herum geschieht; zum anderen befindest du dich in einem Element, in das du nicht hinein-gehörst. Öffnest du die Augen, wirst du feststellen, daß du alles stark verschwommen siehst und nur grobe Umrisse erkennen kannst. Das ist zwar besser, als total im Dunkeln zu sitzen, aber die ungewohnte Wahrnehmung kann deinem Unterbewußtsein doch einen Schrecken versetzen.
Es ist möglich, daß du auf beide Situationen erst einmal unbewußt mit Angst reagierst. Angst zeigt sich immer in einer Verkrampfung des Körpers. Beim Tauchen ohne Maske wirst du diese Verkrampfung im Brustbereich wahrneh-

men. Du hast das Gefühl, hinter deinem Brustbein sitzt ein Pfropfen, der nicht genügend Luft an deine Lungen durchläßt. Dieser Pfropfen existiert natürlich nicht. Ignoriere einfach dieses Gefühl der vermeintlichen Atemnot. Atme weiter, am besten mit der *natürlichen Atemtechnik:* ein – aus – stop. Entspann dich. Du wirst sehen, schon nach ein paar Atemzügen ist der Pfropfen verschwunden.

Dritte Vorübung:
Wasser in der Nase? Keine Panik!

Ob du zu Typ A oder Typ B zählst, stellst du sehr schnell fest. Typ B wird beim Tauchen ohne Maske schon nach den ersten Atemzügen hustend und schneuzend den Kopf aus dem Wasser strecken, fühlt er sich doch jetzt mit einer anderen, sehr realen Angst konfrontiert: der Angst, Wasser durch die Nase einzuatmen. Und diese Angst gilt es wieder loszuwerden.
Wasser durch die Nase einzuatmen ist nicht sehr angenehm, der persönliche Weltuntergang ist es aber nicht. Verschluckst du dich beim Essen oder Trinken, wird dich das kaum in Angst und Schrecken versetzen; du wirst husten und dann in aller Ruhe weiteressen. Ziehst du bei deinen ersten Tauchversuchen (bei denen sich Geist und Körper ohnehin auf vielerlei ungewohnte Dinge einstellen müssen) unerwartet Wasser durch die Nase, wird das wahrscheinlich eine Panik auslösen. Du hast Angst zu ersticken. Außerdem scheint das Wasser entsetzlich in der Nase zu brennen. Deshalb:

 Nimm die Maske ab, behalte den Automaten im Mund und ziehe bewußt Wasser durch die Nase.

Konzentriere dich auf deine Empfindung. Es brennt, zugegeben, aber doch nicht so entsetzlich, als daß man darüber gleich in Panik geraten müßte.

Wir haben bei vorangegangenen Übungen schon gelernt, daß wir unter Wasser genausogut husten können wie an Land. Eine reale Erstickungsgefahr

82

besteht also nicht, und Luft zum Atmen spendet der Automat. Auch dieses fürchterliche Brennen ist halb so schlimm. Also kein Grund zur Panik! Einsehen kannst du das nur, wenn du bewußt registrierst, was da vor sich geht und du dein Unterbewußtsein durch praktische Erfahrung überzeugst.

Bekommst du erneut Wasser in die Nase, wird dein Unterbewußtsein schon nicht mehr »höchste Gefahr« signalisieren, sondern die Sache mit einem »lästig, geht aber gleich vorbei« abtun.

Vierte Vorübung:
Bewußte Atmung durch den Mund

Auch wenn er jetzt den Schrecken überwunden hat, der ihn schon allein beim Gedanken an »Wasser in der Nase« befällt, ist unserem Typ B noch nicht geholfen. Er schafft es nicht, unter Wasser durch den Mund einzuatmen, also bekommt er auch keine Luft. Daß er »Luft zum Atmen« mit sich führt, scheint er völlig zu ignorieren.

Normalerweise atmen die meisten Menschen mehr durch die Nase als durch den Mund. Das hat Vorteile, denn die Einatemluft wird gefiltert und erwärmt, bevor sie in die Lunge gelangt. Beim Tauchen sind wir nun gezwungen, uns ganz auf die Mundatmung umzustellen. Zwar atmen wir gewöhnlich unbewußt. Trotzdem haben wir die Möglichkeit, unsere Atmung willentlich zu beeinflussen. In unserer gewohnten Umgebung, nämlich an Land, kann das jeder. Ein kurzer Gedanke und schon atmen wir durch die Nase oder durch den Mund, tief oder flach, ganz wie es uns beliebt.

Wieso klappt das nun nicht immer unter Wasser? Beim Tauchen hat unser Gehirn viele neue Eindrücke zu verarbeiten. Wir atmen in einem Element, in dem wir unter normalen Umständen nicht atmen können. Die horizontale Lage, in der wir uns bewegen, ist für uns Landlebewesen völlig widernatürlich, ebenso die Schwerelosigkeit und die Dichte der Umgebung. Das alles sind Faktoren, die unseren Verstand und unsere Gefühle mehr belasten, als wir für gewöhnlich glauben. Manchmal ist dann die Schaltzentrale in unserem Gehirn einfach überfordert. Gedankenimpulse (wie: Atme durch den Mund!) können nicht schnell genug oder gar nicht an die richtige Stelle weitergeleitet werden. Nur wenn wir zusätzliches »Gedankenfutter« so leicht wie möglich zubereiten, ist es für unser Gehirn noch verdaulich. Fangen wir also ganz einfach an:

 Unser B-Typ hält sich bei dem ersten Versuch, unter Wasser ohne Maske zu atmen, die Nase zu. Er atmet ruhig im natürlichen Atemrhythmus. Erst wenn er entspannt atmet und sich an die ungewohnte Umgebung und die beeinträchtigte Sicht gewöhnt hat, versucht er ein oder zwei Atemzüge lang, die Nase loszulassen.

Das kann schon sehr viel Konzentration kosten. Deshalb hält er sich die Nase wieder zu, um sich zu entspannen. Beim nächsten Versuch kann er die Anzahl der Atemzüge mit freier Nase dann steigern.

Meistens dauert es gar nicht lange, bis der »Nasenatmer« für eine geraume Zeit problemlos durch den Mund atmen kann — zumindest so lange, um eine Übung wie Maskeausblasen gelassen ausführen zu können. Reicht die Konzentration aber auch aus, wenn zum Beispiel in größerer Tiefe das Maskenband reißt? Das ist von Fall zu Fall verschieden. Im Notfall hilft immer: Nase zuhalten.

Fünfte Vorübung:
Durch die Nase ausatmen

Bist du jetzt in der Lage, ohne Maske entspannt im natürlichen Atemrhythmus zu atmen, können wir mit der Lektion fortfahren. Beim nächsten Schritt geht es wieder darum, die Atmung willentlich zu beeinflussen.

 Atme durch den Mund ein und durch die Nase aus.

Auch das ist manchmal leichter gesagt als getan. Sollte es unter Wasser nicht auf Anhieb möglich sein, versuche es erst einmal über Wasser und zwar mit dem Automaten im Mund: Atme ein und halte einen kleinen Moment die Luft an, um dich darauf zu konzentrieren, durch die

Nase auszuatmen. Dann stoße die Luft kraftvoll aus der Nase, als ob du dich schneuzt. Wiederhole das einige Male über Wasser, dann probiere es unter Wasser. Gelingt es dir jetzt, atme nicht mehr so kraftvoll aus, sondern gleichmäßig und lang.

 Schließe beim Ausatmen durch die Nase die Augen.

Die Luftblasen, die du durch die Nase ausbläst, steigen dir in die Augen. Das ist ein unangenehmes Gefühl, da Salzwasser in Verbindung mit Luft in den Augen brennt. Im Grunde aber ist das gar nicht so schlimm, nur blockiert dein Widerwille dabei deine Nase.

Maske ausblasen als Übung

Wenn auch die Technik des Maskeausblasens äußerst einfach ist, so gilt es doch etliche Kleinigkeiten zu beachten:

 Knie oder setze dich im flachen Wasser auf den Grund und atme ruhig.

Egal, was du unter Wasser tust, atme ruhig und konzentriere dich auf deine Aufgabe. Das gilt auch für den Notfall: Erst atmen, dann denken, dann handeln.

 Setze deine Maske ab.

Flute die Maske nicht nur, sondern setze deine Maske ganz ab. Flutest du die Maske und bläst sie dann gleich aus, bist du versucht, bis zum Ausblasen der Maske die Luft anzuhalten. Das geht zwar leichter, du sollst aber lernen, auch ohne Maske weiterzuatmen. Viele zertifizierte Taucher können die Maske ausblasen, sind aber nicht in der Lage, ohne Maske zu tauchen. Verliert so ein Taucher in größerer Tiefe seine Maske, ist die Panik vorprogrammiert.

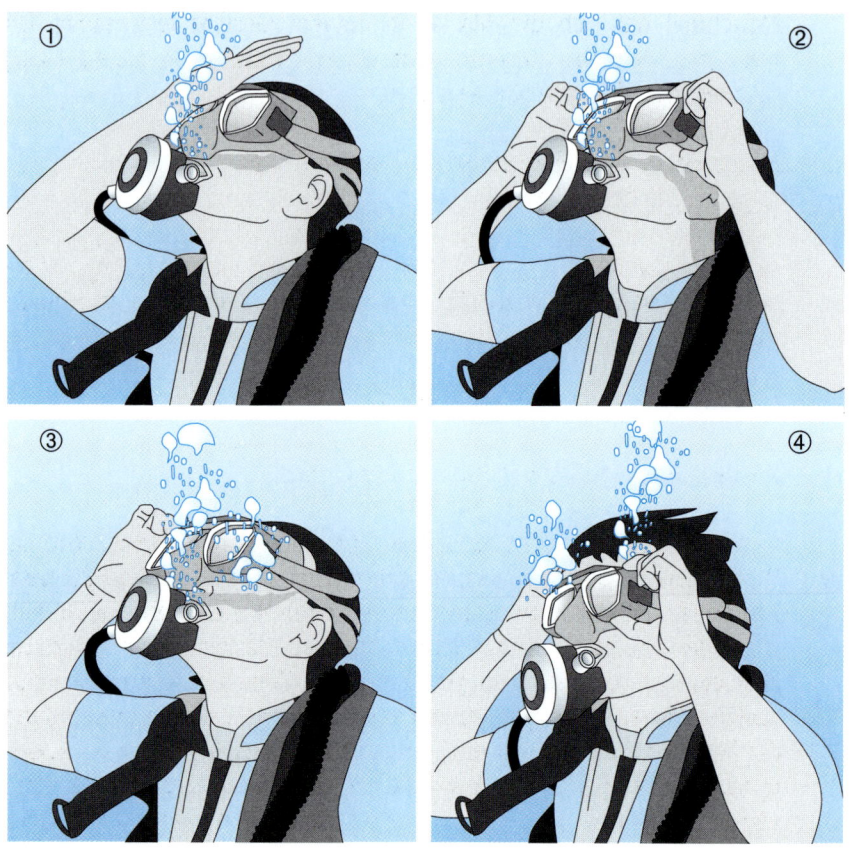

Maske ausblasen

① *Richtig:* Mit dem Handballen auf den oberen Maskenrand drücken.
So kommt man nicht in Versuchung, die Maske zu weit vom Gesicht zu heben.

② *Richtig:* Mit dem Daumen wird der untere Maskenrand leicht gelockert.
Achtung: Dabei sollte die Maske das Gesicht wieder total berühren, bevor
man aufhört, durch die Nase auszuatmen.

③ *Falsch:* Die Maske ist viel zu weit vom Gesicht entfernt.

④ *Falsch:* Der Kopf ist nicht genügend nach hinten gestreckt.

Manchmal hat sich die Maske an deinem Gesicht festgesaugt. Du bekommst sie kaum ab. Atme dann einfach leicht durch die Nase aus, schon ist der Unterdruck aufgehoben.

 Nachdem du ein wenig ohne Maske geatmet hast,
setze die Maske wieder auf.

Laß dir Zeit! Kontrolliere, ob das Maskenband richtig auf der Mitte des Hinterkopfes sitzt. Hebe den oberen Maskenrand an und streiche die Haare aus der Maske.

 Lege den Kopf zurück in den Nacken.

 Presse den oberen Rand der Maske ans Gesicht.

Es gibt verschiedene Möglichkeiten, die Maske anzupressen. Wichtig ist, daß der obere Rand fest am Gesicht anliegt und der untere locker sitzt. Am besten versuchst du es erst einmal, indem du mit dem Handballen gegen den oberen Rand drückst. Bei manchen Masken lockert sich dabei aber der untere Rand nicht genügend. Das Wasser läßt sich dann nur schwer aus der Maske blasen. In diesem Fall kannst du den oberen Rand der Maske mit beiden Zeigefingern andrücken und den unteren mit den Daumen leicht anheben. Aber Achtung! Der untere Maskenrand muß wieder das Gesicht berühren, bevor du aufhörst auszuatmen. Sonst fließt das ausgeblasene Wasser wieder in die Maske zurück.

 Nimm einen Atemzug und atme durch die Nase aus.

Nimm dir einen Moment Zeit. Konzentriere dich darauf, mit der Nase auszuatmen. Schließe die Augen, während du ausatmest.

 Sollte noch etwas Wasser in der Maske sein, blase einfach noch einmal. Es ist nicht unbedingt nötig, die Maske mit einem Atemzug leerzublasen.

Übungen unter besonderen Streßfaktoren

Eine lohnenswerte Übung ist die Wechselatmung ohne Maske. »Reiner Sadismus!« wirfst du mir vor, »keine Luft und gleichzeitig die Maske verlieren, wann kommt das bei einem Tauchgang schon vor?« Mag sein, daß die Chance, im Lotto einen Sechser zu gewinnen, größer ist. Trotzdem sind Aufgaben, die über die Notwendigkeit der Praxis hinausragen, äußerst wichtig. Sie fördern das Selbstvertrauen. Zudem lehren sie dich, mit mehreren Streßfaktoren gleichzeitig umzugehen.

Allein der Umstand, in einem fremden Element zu atmen, ist eine geistige und seelische Belastung. Ohne Maske zu atmen ist ein zusätzlicher Streßfaktor, dich auf die Wechselatmung zu konzentrieren ist ein weiterer. Bei der Wechselatmung ohne Maske hast du es also mit zwei Streßfaktoren zu tun, die über das einfache Vor-sich-Hintauchen hinausgehen. Dafür fallen während des Tauchunterrichts zwei Streßkomponenten weg, denn meist weißt du, was als nächstes von dir erwartet wird: Du kannst dich also auf deine Aufgabe einstellen. Außerdem finden die Übungen in flacherem Wasser statt und du erwartest von deinem Tauchlehrer, daß er sich selbst retten kann, falls du nicht reagierst. Im Notfall mußt du hingegen mit dem Überraschungseffekt fertig werden und mit dem Wissen, daß es ernst ist.

Bist du in der Lage, mit mehreren Streßfaktoren gelassen umzugehen, kannst du sie auch gegeneinander austauschen. Weitere **Sicherheitsübungen** sind:

- Gerät ab- und anlegen ohne Maske;
- Gerät ablegen, ohne Gerät zum Partner tauchen und um Luft bitten;
- Gerät und Maske mit dem Partner tauschen;
- Wechselatmung mit drei oder mehr Tauchern;
- Wechselatmung in Bewegung mit oder ohne Maske;
- ohne Maske und ohne Flossen tauchen;
- gesamte Ausrüstung im tiefen Wasser anziehen.

Der kontrollierte Aufstieg
ohne Geräteatmung

Diese Übung bedeutet, den Automaten aus dem Mund zu nehmen und, ohne Luft zu holen, zur Wasseroberfläche aufzusteigen. Wichtig ist, daß du die Luft, die sich beim Aufstieg in deiner Lunge ausdehnt, entweichen läßt. »Da ist doch nichts dabei! Verglichen mit Wechselatmung und Maske ausblasen ein Kinderspiel.«

Doch gerade diese einfache Übung weist ein großes Risiko auf. Ich persönlich fordere von meinen Beginnern im Grundkurs den Aufstieg ohne Geräteatmung nur aus einer geringen Tiefe (3-5 Meter). Dabei lasse ich sie nicht senkrecht hochsteigen, sondern schräg, so daß sie eine Strecke von 10-12 Meter zurücklegen. Vorher weise ich noch einmal eindringlich darauf hin, daß sie unbedingt ausatmen müssen. Erst bei Tauchern, die sich unter Wasser sicher fühlen und fähig sind, bewußt zu handeln, führe ich auch Notaufstiegsübungen aus größerer Tiefe durch. Warum diese Vorsicht?

Diese Übung birgt eine höhere Gefahr als ein Notaufstieg im Ernstfall. Geht dir im Ernstfall plötzlich die Luft aus, bemerkst du das meist im ausgeatmeten Zustand. Auch wenn du dann vor Schreck einige Meter aufsteigst, ohne sofort auszuatmen, geht das meistens gut aus. Ebenso verlaufen (zum Glück) die meisten Panikaufstiege bei der Anfängerausbildung glimpflich. Bekommt ein Anfänger zum Beispiel beim Ausblasen der Maske Wasser in die Nase, verschluckt er sich und muß husten. Dadurch atmet er ganz automatisch aus. Demzufolge kann es zu keiner Lungenüberdehnung kommen.

Soll ein Tauchschüler nun ganz bewußt auf 10 Meter Tiefe seinen Automaten herausnehmen, um ohne einen weiteren Atemzug an die Oberfläche zu gelangen, wird er zunächst noch einmal tief einatmen. Ist seine Lunge prall gefüllt, genügt aber schon ein kurzes Zögern oder ein unbemerktes Hochtreiben, ohne Luft abzublasen, um eine Schädigung der Lunge herbeizuführen.

Nun will ich nicht behaupten, der Aufstieg ohne Geräteatmung sei eine besonders schwierige Aufgabe. Stell dir ein Schwimmbecken vor. Wie weit kannst du mit angehaltener Luft tauchen? Hast du erst einmal gelernt, wie man richtig abtaucht, sind 10 Meter eine Kleinigkeit. Sogar 20-25 Meter sind mit etwas Training erreichbar. Bist du nicht gerade hemmungslos überbleibt, kostet dich die gleiche Strecke von unten nach oben wesentlich weniger Kraft und somit auch weniger Sauerstoff – im Gegensatz zum Streckentauchen, wo du gegen deinen Auftrieb ankämpfen mußt.

Beim Aufstieg hingegen unterstützt dich der Auftrieb. Außerdem dehnt sich ja bekanntlich die Luft in deiner Lunge ständig aus. Durch die scheinbar frische Luftzufuhr stellt sich der Atemreiz später ein. Läßt du die überschüssige Luft entspannt entweichen, wirkt sich also das sonst so verhängnisvolle Druckgesetz positiv bei deinem Aufstieg aus.

Ausschlaggebend bei dieser Übung ist deine innere Einstellung zu der Aufgabe. Hast du Angst, keine Luft zu bekommen, besteht die Gefahr, daß du den Atem anhältst. Bedenke, es genügt nicht, nur den Mund zu öffnen. Wenn du den Kehlkopf unbewußt verschließt, kann auch durch einen weit aufgerissenen Mund keine Luft entweichen. Gehst du hingegen angstfrei an die Sache heran, wirst du feststellen, daß ein echter Notaufstieg selbst aus 20 oder 30 Meter keine Schwierigkeiten bedeutet.

Regeln für die Übung Aufstieg ohne Geräteatmung

Dieser Aufstieg muß immer zu Beginn des Tauchgangs geübt werden, da nach längerer Tauchzeit ein zu rascher Aufstieg gefährlich werden kann.

Atme nicht übermäßig tief ein, bevor du den Automaten aus dem Mund nimmst. Sinnvoller wäre es sogar, die Übung im ausgeatmeten Zustand zu beginnen. Das würde am ehesten einer wirklichen Notsituation entsprechen. In diesem Fall gilt es allerdings genau darauf zu achten, wann du ausatmen mußt. Würdest du die wenige verbleibende Luft noch aktiv herauspressen, kämst du nicht sehr weit. Beim Hochsteigen dehnt sich aber dann das Restvolumen aus. Du mußt dich also ganz bewußt darauf konzentrieren, daß dein Kehlkopf entspannt geöffnet ist, um die überschüssige Luft herauszulassen.

Achte auf deine Aufstiegsgeschwindigkeit. Besonders auf den letzten 10 Metern solltest du nicht schneller als 10 Meter pro Minute auftauchen.

Behalte während der Übung den Automaten in der Hand. Mache dir bewußt, daß du dich keiner realen Gefahr aussetzt und jederzeit deinen Automaten wieder in den Mund stecken kannst.

Stoße bei Übungen aus größerer Tiefe nicht bis zur Oberfläche durch. Der Aufstieg von 25 auf 5 Meter ist sicherer als von 20 auf 0 Meter.

Im Ernstfall sollte der Notaufstieg nur als letzte Möglichkeit betrachtet werden, um ein Problem beim Tauchen zu lösen.
Erstrebenswerter ist es stets, sich an seinen Tauchpartner zu wenden, sobald irgendwelche Schwierigkeiten auftreten.
Versagt der Automat plötzlich, ist es besser, mit deinem Partner unter Wechselatmung oder mit Hilfe seines Octopus langsam aufzutauchen. Denn nur so kann man die erforderliche Aufstiegsgeschwindigkeit und den Sicherheitsstop einhalten.

Tauchen mit ABC-Ausrüstung

Tauchen mit ABC-Ausrüstung heißt, ohne Tauchgerät, nur mit Maske, Flossen und Schnorchel ausgerüstet, einige Zeit mit angehaltenem Atem unter Wasser zu verweilen. Es geht darum, eine gewisse Strecke zurückzulegen, eine bestimmte Tiefe zu erreichen oder Aufgaben zu erfüllen, wie etwa Gegenstände anzutauchen oder die ABC-Ausrüstung unter Wasser anzulegen.

Das sogenannte Freitauchen unterscheidet sich psychologisch betrachtet vom Gerätetauchen erheblich, denn beim Freitauchen atmen wir Umgebungsluft und können daher schnell an die Wasseroberfläche zurückkehren. Trotzdem ist der Wert des Freitauchens für das Gerätetauchen offensichtlich. Je sicherer du bist, einige Zeit ohne Luft auszukommen, desto kontrollierter und angstfreier wirst du Notsituationen beim Tauchen meistern können. Leider wird beim Freitauchtraining der Tauchanfänger, der körperlich Schwächere oder der untrainierte Taucher oft unter Leistungszwang gestellt. Heißt es beim Gerätetauchen, »man richtet sich immer nach dem Schwächsten« und »man taucht nicht gegen sein Gefühl«, werden beim Freitauchen gewisse Strecken und Tiefen gefordert.

Gratistips, wie du dein Soll erfüllen kannst, bekommst du bei Willi Superschlau am Beckenrand. Er zeigt dir, wie er seine 50 Meter Strecke schafft. Willi springt nicht gleich ins Wasser. Er stellt sich vor das Becken und hechelt wie eine herzkranke Bulldogge in der Sommerhitze. Besorgt fragst du dich, ob er einen Asthmaanfall erlitten hat. Aber gerade als du ihm zur Hilfe eilen willst, springt er endlich ins Wasser. Er schafft tatsächlich die zwei Bahnen. Damit Willi dich auch von seinem geistigen Potential überzeugen kann, klärt er dich, noch immer um Luft japsend, über die Physiologie auf: »Durch das Hypo... Hyper..., na, durch das schnelle Ein- und Ausatmen vor dem Abtauchen reichert sich das Blut mit Sauerstoff an, da kann man weiter tauchen.«

Dosiert atmen statt hyperventilieren

Das Bulldoggenhecheln nennt man Hyperventilation. Willi Superschlau hat recht mit dem Satz: »Da kann man weiter tauchen.« Unrecht hat er mit dem Grund, den er dafür angibt. Vergessen hat er auch, dir zu sagen, daß du dich damit umbringen kannst.

Bei der Hyperventilation erhöht sich der Sauerstoffanteil im Blut kaum. Hingegen wird das Kohlendioxid abgeatmet. Der Kohlendioxidspiegel im Blut regelt unseren Atemreiz. Steigt das Kohlendioxid auf ein bestimmtes Niveau, haben wir das Bedürfnis zu atmen. Durch das Hyperventilieren wird dieses natürliche Warnsignal ausgeschaltet. Wir können zwar länger unter Wasser bleiben, weil wir gar nicht die Notwendigkeit verspüren zu atmen. Doch kann das zu einem unbemerkten Sauerstoffmangel und somit zu einer plötzlichen Ohnmacht unter Wasser führen, dem sogenannten Schwimmbad-Blackout. Kurz gesagt: **Hyperventilieren ist lebensgefährlich.** Deshalb denke an den Grundsatz:

> *Freitauchen – aber mit Köpfchen!*

Wie kannst du deine geforderte Freitauchleistung schaffen, auch wenn du kein durchtrainierter Supermann bist?

Laß dich ja nicht in Streß bringen. Versuche zunächst nicht, eine bestimmte Strecke oder Tiefe zu erreichen. Konkurriere mit niemandem.

Vergiß das Vorurteil, beim Freitauchen kommt es auf ein großes Lungenvolumen und starke Beine an. Freitauchen ist in erster Linie eine Sache des Kopfes, des Gefühls und der richtigen Atmung.

Beginne dein Freitauchtraining spielerisch. Konzentriere dich auf dich selbst. Nimm bewußt deine Empfindungen wahr. Wetteifere nicht mit anderen.

Streckentauchen

Beim Freitauchen tust du zwei verschiedene Dinge gleichzeitig: Du hältst unter Wasser die Luft an und du bewegst dich fort. Auch beim Freitauchen können Bewußtsein und Unterbewußtsein besser lernen, wenn Aufgaben schrittweise durchgeführt werden. Lassen wir also bei unseren ersten Übungen die Fortbewegung weg.

 Leg dich im flachen Wasser auf die Oberfläche. Atme aus. Spüre, wie du langsam absinkst. Sei dir bewußt, daß du jederzeit aufstehen kannst. Es besteht keine Gefahr. Entspann dich. Denke nicht daran, daß du Luft brauchst. Das wirst du schon früh genug merken.

Wiederhole diese kleine Übung mehrere Male. Führe sie in verschiedenen Variationen aus: Leg dich auf den Rücken; dreh dich um die eigene Achse; setz dich im Schneidersitz hin oder probiere einen Handstand. Mit der Zeit wirst du dich immer weniger vor einem etwaigen Ersticken fürchten und deine Zeit unter Wasser wesentlich ausdehnen können.

Nun zur Fortbewegung. Sowie wir uns körperlich anstrengen, brauchen wir mehr Sauerstoff. Im ausgeatmeten Zustand, wie bei den vorangegangenen Übungen, würdest du nicht sehr weit kommen. Deshalb:

 Atme vor dem Abtauchen ein. Natürlich bist du versucht, so tief wie möglich einzuatmen, denn dein Sauerstoffvorrat soll ja eine Weile reichen.

Aber gerade das ist falsch! Du kannst das sehr leicht über Wasser ausprobieren. Atme so tief wie möglich ein und halte dann die Luft an. Spürst du, wie sich dein gesamter Brustkorb verspannt? Fühlst du den Druck in der Bauchgegend? Schon sehr schnell wirst du den Wunsch haben, auszuatmen. Jetzt atme nur etwas mehr ein als normal. Halte die

Luft an. Dein Brustkorb ist wesentlich entspannter. Einen Druck auf den Bauch fühlst du nicht. Der Wunsch, wieder auszuatmen, wird wesentlich später eintreten.

»Aber wenn ich tief einatme, habe ich mehr Sauerstoff zur Verfügung« protestierst du, »die Verspannung ignoriere ich einfach. Mit mehr Sauerstoff komme ich weiter.«

Falsch! Deine Rechnung geht leider nicht auf. Je tiefer du einatmest, desto mehr Auftrieb hast du. Um unter Wasser zu kommen und zu bleiben, mußt du gegen den Auftrieb ankämpfen. Dieser Kampf kostet dich deinen zusätzlichen Sauerstoff.

Beginnst du nun die Freitauchübung in der Fortbewegung, versuche nicht, so schnell wie möglich eine bestimmte Strecke zurückzulegen. Im Gegenteil:

 Schwimm so langsam wie nur möglich, egal wie weit du kommst. Entspanne deine Beine, füge dich ins Wasser ein und kämpfe nicht dagegen an.

Verspannst du deine Muskeln und schwimmst mit kraftvollen, schnellen Schlägen, verbrauchst du mehr Energie, sprich Sauerstoff. Gelingt es dir, langsam und entspannt voranzukommen, steigere schrittweise das Tempo, achte aber darauf, daß deine Beinmuskeln locker bleiben. Fühlst du dich mit angehaltenem Atem unter Wasser sicher und wohl, kannst du dazu übergehen, dir Ziele zu setzen und deine Grenzen auszutesten.

 Bevor du eine längere Strecke tauchst, entspanne dich. Hole zwei- oder dreimal tief Luft. Atme vor dem letzten Atemzug extrem viel aus. So entsteht in deiner Lunge mehr Platz für frische Luftzufuhr. Nimm einen mäßigen Atemzug. Tauche, wenn möglich, dicht am Beckenboden oder Grund. Schwimm zügig, aber entspannt.

Macht sich der Atemreiz bemerkbar, hast du noch etwas Reserve. Atme ein bißchen Luft aus, dann schaffst du noch ein paar Meter mehr.

Freitauchen in die Tiefe

Für das Tieftauchen gelten nicht die gleichen Regeln. Hier kommt es zu einem Großteil auf die Anatomie an, auf das Lungenvolumen und auf die Elastizität des Brustkorbes. Du mußt mehr einatmen, denn die Luft drückt sich in deiner Lunge zusammen, je tiefer du tauchst. Der Brustkorb weist nur eine begrenzte Elastizität auf. Das Lungenvolumen muß also groß genug sein, um genügend Gegendruck zu bieten. Da du tiefer einatmest, mußt du in den ersten Metern kraftvoll gegen den Auftrieb anpaddeln. Vor allem mußt du auf deinen Druckausgleich in Ohren und Maske achten. Brich den Tauchversuch ab, wenn der Druckausgleich nicht auf Anhieb funktioniert. Tauche beim ersten Anzeichen von Atemnot auf. Denke daran, es ist noch ein weiter Weg nach oben.

> *Tieftauchversuche sollten auf jeden Fall von einem zweiten Taucher überwacht werden.*

Der Taucher ist immer auch ein Tauchpartner

Tauche nie allein! Früher war dieser Satz oberstes Gebot des Tauchevangeliums. Solotaucher galten nicht als Helden oder Könner, sondern als verantwortungslose Außenseiter. Heute wird immer öfter diskutiert, ob diese Regel überhaupt noch sinnvoll ist. Was hat sich verändert? Diese Frage wird gern mit zwei Worten beantwortet: die Technik.

Mensch und Technik

Vor zwanzig Jahren war der Octopus (die zusätzliche zweite Stufe am Automaten) völlig unbekannt. Finimeter waren eine Seltenheit. Man verließ sich auf die Reserveschaltung, deren Versagen eher die Regel als die Ausnahme darstellte. Aufstieg unter Wechselatmung war demzufolge keine Beschäftigungstherapie im Beginnerkurs, vielmehr war sie ein üblicher Bestandteil des Tauchgangs.

Als Auftriebshilfen kamen die Rettungs- und Tarierwesten, die sogenannten »Klodeckel,« neu auf den Markt. Im sicherheitsorientierten Trend waren vor allem Tauchlehrer und Assistenten damit ausgestattet; nicht so der überwiegende Teil der Taucher, Tauchschüler schon gar nicht. Vor dem Absinken bewahrte ab einer bestimmten Tauchtiefe nur heftiges Paddeln. Tariert wurde, sofern man im Besitz einer Tarierweste war, mit dem Mund; d.h. der Taucher mußte die Weste über den Faltenschlauch aufblasen – für manchen Tauchanfänger ein Alptraum! Die ersten Inflator wurden als »Rentnerlift« verschrien und als unsportlich empfunden. Tauchcomputer standen als Utopie noch in den Sternen.

Damals konnte sich kein Taucher auf seine Ausrüstung hinreichend verlassen. Der Tauchpartner war also die größte Sicherheitskomponente. Der Grundsatz »Du mußt deinen Tauchpartner im ausgeatmeten Zustand erreichen können« war keine leere Floskel. Die meisten Taucher hielten sich daran, zumindest bemühten sie sich darum.

Heutzutage bietet der Fortschritt der Ausrüstungsindustrie immer mehr Möglichkeiten, Risikoquellen auszuschließen. In unserer high-tech-gläubigen Zeit suchen Sporttaucher oft allein in der Technik ihre Lebensversicherung. Die Tauchutensilien können nicht aufwendig und teuer genug sein, schließlich geht es um das eigene Leben. Dagegen ist im Prinzip nichts einzuwenden, solange man nicht die Technik in den Vordergrund stellt und das menschliche Wesen mit seinen Fähigkeiten, Gedanken und Gefühlen außer acht läßt. Tauschst du technische Perfektion gegen dein Selbstvertrauen, dein Verantwortungsgefühl und einen umsichtigen Tauchpartner ein, hast du ein schlechtes Geschäft gemacht. Denn die teuerste Technik hilft wenig, wenn der Mensch versagt. Du solltest auch die Urangst des Menschen vor dem Alleinsein, der Kälte und der Dunkelheit nicht unterschätzen, stehst du in dem dir lebensfeindlichen Element plötzlich einer realen oder lediglich eingebildeten Gefahr gegenüber.

Das Tauchteam

Zwar ist Tauchen im Team immer noch »in«. Nur frage ich mich, besonders bei vielen erfahrenen Tauchern, die ich über all die Jahre beobachten konnte, ob sie den Sinn des Satzes »Tauche nie allein« überhaupt begriffen haben. Ein Tauchpartner zu sein heißt nicht, zur gleichen Zeit ins Wasser zu springen und, so das Schicksal es will, gemeinsam wieder aufzutauchen. Zusammen tauchen ist nur sinnvoll, wenn die Tauchpartner sich gegenseitig soviel Aufmerksamkeit entgegenbringen, daß sie bei einem unvorhergesehenen Zwischenfall sofort eingreifen können.

Gerade bei guten Sichtverhältnissen nützt es wenig, seinen Buddy noch zu sehen, denn das können 30 oder 40 Meter Entfernung sein. Die Regel, so nah bei seinem Partner zu bleiben, daß man ihn im ausgeatmeten Zustand erreichen kann, hat immer noch – trotz modernster Tauchausrüstung – einen hohen Stellenwert.

Die kritischsten Phasen bei einem Tauchgang sind Ab- und Aufstieg. »Wir treffen uns unten am Anker.« Eine derartige Vereinbarung sollte, wenn überhaupt, nur bei klarer Sicht und in strömungsfreiem Gewässer getroffen werden. Richtig und sicher ist es, sich zunächst an der Oberfläche zu treffen, zu warten, bis bei jedem Mitglied der Gruppe alles in Ordnung ist, und dann gemeinsam unter Sichtkontakt abzutauchen. Das gilt ganz besonders bei Strömungstauchgängen.

Defekte an der Ausrüstung bemerkt man am häufigsten beim Abtauchen. Außerdem könnte dein Partner Probleme mit dem Druckausgleich haben. Denke einmal darüber nach, wie sich ein Tauchkamerad fühlt, wenn ihm auf drei Meter das Trommelfell zu platzen scheint und er dich nur noch in der Tiefe verschwinden sieht.

Auch Fotografen und Filmer sollten während des Abstiegs sich auf den Partner konzentrieren. Erst wenn das Riff oder der Grund sicher erreicht sind, kann die »Jagd« beginnen. Aber selbst dann sollte das Wohl des Tauchkameraden wichtiger sein als ein paar gute Aufnahmen.

»Was, du bist schon auf Reserve? Na dann, tschüß!« So geht das nicht! Gerade der Aufstieg ist der Risikobereich des Tauchens schlechthin (Barotrauma, Dekompression). Die Aussicht, alleine an der Oberfläche zu treiben, wenn das Tauchboot oder der Ausstiegspunkt nur noch als Fleck in weiter Ferne erscheint, ist auch nicht recht erbaulich. Zudem kann einem Schnellatmer die Reserveluft beim Aufstieg ausgehen. Ist ein Taucher auf Reserve, während die restliche Gruppe noch Luft hat, muß man gemeinsam höher gehen und den Sicherheitsstop einhalten. Sind mit Gewißheit das Boot oder der Ausstiegspunkt nahe und die Bedingungen gut, können die anderen Taucher den Tauchgang fortsetzen. Sie sollten aber ihren Kameraden beobachten, bis er die Oberfläche erreicht hat. Im Zweifelsfall sowie bei hohem Wellengang oder starker Strömung darf kein Taucher alleine hochgeschickt werden.

In einem Tauchteam richtet man sich stets nach dem Schwächsten. Der Schwächste muß aber den Mut aufbringen, seine Grenzen einzugestehen. Zeige deinem Partner klar und deutlich an, falls dir das Tempo zu schnell ist, du Beklemmungen an Überhängen, Höhlen oder Wracks verspürst oder dir irgend etwas Angst einjagt.

Zwischen den Tauchpartnern muß ein Vertrauensverhältnis herrschen. Es darf keine Rivalität aufkommen. Gedanken wie »Dem beweise ich, daß ich der bessere Taucher bin. Ich kann schneller, tiefer, länger« weisen eher auf ein gestörtes Selbstwertgefühl hin als auf sportliche Stärke.

Tauchen mit »Frischlingen«

Selbstverständlich ist Tauchpartner nicht gleich Tauchpartner. Ein Tauchfrischling, dessen Stempel auf dem Tauchbrevet noch feucht ist, wird nur selten in der Lage sein, eine kritische Situation richtig zu beurteilen oder optimal zu handeln. Er hat noch viel zu sehr mit sich selbst, seiner Ausrüstung und der ungewohnten Umgebung zu tun. Auch nach einem bestandenen Beginnerkurs gehört der Neuling unter die Obhut eines sehr erfahrenen Tauchpartners.

Wie viele Tauchgänge jemand braucht, um ein vollwertiger Tauchpartner zu sein, ist individuell sehr verschieden. Es hängt auch vom Schwierigkeitsgrad des Tauchgangs ab. Ein Taucher, der sich im ruhigen Wasser schon sehr gut fühlt und eventuell in einem Notfall richtig reagieren würde, mag bei starker Strömung überfordert sein. Jeder, egal ob Tauchlehrer oder Hobbytaucher, der sich bereit erklärt, einen Frischling unter seine Fittiche zu nehmen, muß sich der Verantwortung bewußt sein, die er eingeht. Einem unerfahrenen Taucher mußt du etwa die gleiche Aufmerksamkeit entgegenbringen wie einem Kleinkind auf einer verkehrsreichen Straße. Erwarte nicht, daß jemand bei seinen ersten Tauchgängen auf einen unvorhergesehenen Zwischenfall logisch reagiert oder dir, als erfahrenem Taucher, beisteht. Auch nicht, wenn er alle Notfälle im Pool oder Flachwasser »cool« gemeistert hat.

Du mußt deinen Frischling nicht nur ständig im Auge behalten. Fühle dich in ihn hinein, in seine Empfindungen und Ängste. Deute rechtzeitig Veränderungen in seinem Verhalten. Greife ein, bevor eine Bagatelle zum Unheil wird. Nimm ihn gegebenenfalls an die Hand! Erhöhe nicht durch Ungeduld und Leistungsdruck die psychische Belastung deines Schützlings. Nicht jeder Mensch ist ein geborener Babysitter. So hat auch nicht jeder Taucher (leider auch nicht jeder Tauchlehrer) das richtige Einfühlungsvermögen, um auf einen Anfänger einzugehen. Das ist keine Schande, es gibt andere Talente.

Nur sollte niemand, der diese Fähigkeit nicht besitzt, das Leben eines anderen Menschen in seine Hand nehmen. Ein unsensibel geführter »Hauruck-Tauchgang« kann bei einem Tauchanfänger nicht nur Ängste erzeugen, die er schwer wieder los wird; im Falle einer Panik kann der noch unerfahrene Tauchguide dem Tauchneuling durch falsches Handeln erhebliche körperliche Schäden zufügen oder ihn (und eventuell auch sich selbst) in Lebensgefahr bringen.

Die Tiefe

Gesprächsthema Nummer eins bei den Tauchern sind nicht die bunten Fische, die phantastische unterseeische Landschaft, der neueste Tauchcomputer oder der modische Schnitt des Tauchanzuges, es ist zweifellos die Tiefe.

»Wie tief kann ich mit so einer Flasche runtergehen?«

»Tiefer als 10 Meter will ich aber nicht tauchen!«

»Was? So tief waren wir?!«

»Los, heute machen wir einen Tieftauchgang.«

Die Tiefe ist Synonym für das Unbekannte und die Urängste der Menschheit. Die Hölle, der Hades oder die Unterwelt, ja das Dunkel des Seins liegen in der Tiefe. Wen wundert's, daß der eine Taucher in der Tiefe ein angsteinflößendes Schattenreich fürchtet und der andere gerade dort seine Dosis Adrenalin sucht? Dabei ist es gar nicht die Tiefe, die eventuelle Gefahren beim Tauchen darstellt und uns in unsere Grenzen verweist, sondern es sind die physikalischen Gesetze und ihre Auswirkungen auf den menschlichen Körper.

Tauchen in 30 Meter Tiefe muß nicht zwangsläufig gefährlicher sein als in 10 Meter. Führst du dir das Boyle-Mariottesche Gesetz vor Augen (siehe S. 136), erfährst du, daß die kritischste Tiefe zwischen 0 und 10 Meter liegt, denn hier ist der Druckunterschied im Verhältnis zur Wasseroberfläche am größten. Auch finden sich die meisten Risiken nicht beim Abtauchen in die Tiefe, sondern beim Aufsteigen. Trotzdem habe ich noch keinen Taucher erlebt, der »in die Tiefe schießt«, weil er Angst vor dem Aufstieg hat.

Da gibt es dann noch die Bedenken über den weiten Weg nach oben, falls dir zum Beispiel die Luft ausgeht. Aber ist der Weg wirklich so weit? Stell dir einmal 30 Meter in der Länge vor. Das sind nur fünf Meter mehr als ein Schwimmbecken im Frei- oder Hallenbad. Selbst ein untrainierter Flossenschwimmer kann mit etwas Übung diese Strecke durchtauchen. Wenn du nicht gerade hemmungslos überbleit bist, brauchst du für die gleiche Strecke von unten nach oben wesentlich weniger Kraftaufwand. Außerdem dehnt sich die Preßluft in deiner Lunge beim Auftauchen aus. Läßt du die überflüssige Luft langsam und unverkrampft entweichen, tritt das Gefühl der Sauerstoffknappheit wesentlich später auf, als wenn du mit angehaltenem Atem eine Bahn im Schwimmbecken durchtauchst.

Und die Dekompressionszeiten? Zugegeben, in größeren Tiefen nehmen die Nullzeiten rapide ab. Doch wie die Wörter Dekozeit und Nullzeit schon aussagen, ist hier neben der Tiefe auch die Zeit ein wichtiger Faktor. Bisher hat mir noch kein Taucher erklärt, er hätte Angst vor der Zeit.

Verstehe mich bitte nicht falsch! Ich plädiere weder für tiefere Tauchgänge noch will ich dir einreden, Tiefe hätte keine Bedeutung beim Tauchen. Aber die Tiefe als Objekt der Furcht kann lediglich als Symbol betrachtet werden, hinter dem ganz andere Ängste stecken. Ein Taucher, der sagt: »Ich tauche nie tiefer als 10 Meter«, meint: »Ich fühle mich im allgemeinen beim Tauchen nicht sicher.« Dieser Taucher wird in 10 Meter Tiefe genauso ängstlich und verkrampft sein wie in 20 oder 30 Meter. Anstatt sich eine Tiefenbegrenzung aufzuerlegen, sollte er sich hinterfragen, woher die Unsicherheit kommt. Hat er vielleicht die Grundübungen wie Maske ausblasen und Wechselatmung mit Ach und Weh hinter sich gebracht und fürchtet nun den Notfall? Ist es etwa die unbewußte Angst, im Wasser zu atmen, die er noch nicht überwunden hat? Oder vertraut er seinem Tauchpartner nicht? Hat unser Taucher den wirklichen Auslöser seiner Furcht erkannt, ist er in der Lage, Abhilfe zu schaffen. Beispielsweise kann er seine Lektionen im Flachwasser üben, bis er sie beherrscht, oder er kann sich einen anderen Tauchpartner suchen.

Wie tief kann man tauchen?

Auf die häufigste Frage, die mir gestellt wird, nämlich »Wie tief kann man mit einem Preßluftgerät tauchen?« kann ich keine konkrete Antwort geben. Es gibt Taucher, die behaupten, sie wären hundert Meter tief getaucht. Es gibt aber auch Autofahrer, die sich voll alkoholisiert hinters Steuer setzen und mit zweihundert Sachen über die Autobahn rasen. Der Wahnsinn ist etwa vergleichbar. Bei diesen Kamikaze-Aktionen können sich die Taucher nur wenige Minuten in der Tiefe aufhalten. Hier stoßen sie auf die absoluten Grenzen, die ihnen die physikalischen und biochemischen Gesetze aufzwingen. **Sauerstoff, unser wichtigstes Lebenselixier, wirkt ab 74 Meter giftig.**

Die Toxizität des Sauerstoffs unter hohem Partialdruck ist aber nicht das einzige Hindernis, das uns bei der Entdeckung der Tiefsee im Weg steht. Ab ca. 40 Meter, in extremen Fällen auch vorher, kann der Tiefenrausch auftreten (siehe auch S. 61). Der Tiefenrausch wird durch den erhöhten Teildruck des Stickstoffs verursacht. Es kommt zu einem Rauschzustand, ähnlich einem Alkohol- oder Drogenrausch.

Bedenkt man, daß die Symptome beim Aufsteigen in geringere Tiefen verschwinden und kein Kater zurückbleibt, könnte man meinen, es sei der ideale Rauschzustand. Aber im Alkoholrausch fällst du schlimmstenfalls vom Barhocker, im Tiefenrausch kannst du dein Leben und das deines Tauchpartners aufs Spiel setzen. Ein guter Grund also, um zu behaupten, 40 Meter sollten für einen Sporttaucher das Limit sein.

Wirklich risikoarm tauchen kannst du allerdings nur innerhalb der Nullzeit. Willst du nicht nur runter- und raufhetzen, sondern die Unterwasserlandschaft genießen, sind 30 Meter ein vernünftiges Maß. Strömungs- und Sichtverhältnisse sowie persönliches Befinden und andere Faktoren haben zusätzlichen Einfluß auf die Wahl der Tauchtiefe.

Nur für Könner

Vernunft gehört leider nicht zum Erbgut der Menschheit. Es gibt immer wieder Taucher, die ihre Grenzen austesten wollen, ihren Adrenalinkick brauchen oder sich unbedingt das Wrack auf 60 Meter anschauen müssen. Ab 40 Meter sowie bei Tauchgängen, die die Nullzeit überschreiten, hört Tauchen auf, ein harmloser Volkssport zu sein. Hier fängt es an, ein risikoreiches Abenteuer zu werden, was deshalb so tückisch ist, weil die Gefahren nicht offensichtlich sind und das Denkvermögen während des Tauchens ohnehin beeinträchtigt ist – ich erwähnte dies bereits zu Anfang.

Aber Leichtsinn kennt Schattierungen, und so können Tiefenfreaks in ihrer Unbesonnenheit auch etwas vernünftiger handeln. Bei Tauchtiefen über 40 Meter sollten die Tauchpartner extrem nahe beieinander tauchen. Noch besser ist es, sich an der Hand zu fassen. Das beruhigt und strahlt Sicherheit aus. Außerdem kann man Ängste oder einen aufkommenden Tiefenrausch des Partners sofort wahrnehmen. Man sollte den Tauchpartner ständig überwachen (z.B. das O.K.-Zeichen abfragen), aber auch sich selbst (z.B. mit kleinen Denkaufgaben). Natürlich sollte man auch Tiefenmesser und Uhr beziehungsweise Computer nicht aus dem Sinn verlieren. Bei ersten Anzeichen des Tiefenrausches, wie mangelnde Konzentration, Röhrenblick, metallischer Geschmack, ungewöhnliche Sinneswahrnehmungen, sollte sofort der Partner verständigt und gemeinsam höher getaucht werden. Bedenken wie »Was sollen denn die anderen von mir denken!« oder »Ich will den anderen den Tauchgang nicht verderben; ich halte schon durch« haben nichts mit Rücksichtnahme oder Mut zu tun, sondern sind verantwortungslos und rühren von einem mangelnden Selbstwertgefühl her.

> *Tieftauchen ist nichts für Anfänger!*

Tauchen unter besonderen Bedingungen

Ist die Begeisterung fürs Tauchen erst einmal entflammt und hat man genügend Fertigkeiten erworben und an Sicherheit gewonnen, dann will der Freizeittaucher mehr. Er will die nachtaktiven Lebewesen kennenlernen, das eine oder andere Wrack aufsuchen, Höhlen erkunden, und das ganz besondere Erlebnis ist für jeden sicherlich das Strömungstauchen, bei dem der Körper absolut schwerelos dahinsegelt und es obendrein zu phantastischen Begegnungen mit Meereslebewesen kommen kann. Das Eistauchen hingegen mag nicht jedermanns Sache sein; ohnehin sollte sich nur der wirklich sehr erfahrene und sichere Taucher zu einem solchen Vorhaben entschließen

Das Bergseetauchen habe ich außer acht gelassen. Das Besondere, was es hier zu berücksichtigen gilt, sind die veränderten Druckverhältnisse, sobald der See 700 Meter und mehr über dem Meeresspiegel liegt. Das heißt für den Taucher, daß er auf andere Dekompressionszeiten und Austauchstufen achten muß. Da heute aber so gut wie jeder mit Tauchcomputer taucht, bereitet diese Tatsache keine Probleme mehr.

Nachttauchen

Wieso nachts tauchen? Weil die Korallenpolypen dann ihre Ärmchen ausstrecken und die Tiere »in voller Blüte« stehen, manche Lebewesen nur bei Dunkelheit zu sehen sind oder man sich an schlafende Fische näher heranpirschen kann? Für den erfahrenen Taucher, der den Blick für das mikroskopisch Kleine hat, besonders für Unterwasserfotografen, sind das sicherlich die Beweggründe. Beim Neuling, der sich das erste Mal dafür entscheidet, in Dunkelheit zu tauchen, liegt der Reiz meist woanders: Es ist das Flair des Unheimlichen, das der Aktivität bei Nacht anhängt.

Für diesen Nervenkitzel brauchst du nicht unbedingt ein Profi zu sein. Du mußt dich aber zumindest sicher und entspannt bei deinen Tauchgängen am Tag fühlen. Hast du erst wenig Taucherfahrung, solltest du dich nur gemeinsam mit einem erfahrenen, umsichtigen Partner an das Abenteuer wagen. Außerdem sollte sich dein Partner in dem Gebiet gut auskennen. Oft ist es auch hilfreich, den Tauchplatz schon am Tag zu besichtigen; das nimmt dem noch Unerfahrenen die mögliche Scheu vor dem Nachttauchgang. Starke Strömung, hohe Wellen oder schlechte Sicht sind allerdings Grund genug, auf das Unternehmen zu verzichten.

Jeder Teilnehmer muß mit einer Lampe ausgerüstet sein. Noch besser ist es, wenn jeder eine zweite Lichtquelle mit sich führt, etwa eine Pilotlampe oder einen chemischen Leuchtstab. »Sehen und gesehen werden« lautet die Devise. Lichtsignale und Verhalten müssen vor dem Tauchgang im Detail abgesprochen werden. Je nach Begebenheit kann es sinnvoll sein, den Einstieg oder das Ankerseil mit einer Lichtquelle zu markieren.

Hast du ein ungutes Gefühl oder fällt deine Lampe aus, darfst du nicht zögern, bei deinem Partner an die Hand zu gehen. So kann meist der Tauchgang bedenkenlos zu Ende geführt werden.

Allerdings haben mir selbst unerfahrene und eher ängstliche Taucher immer wieder versichert, daß sie erstaunlicherweise beim Nachttauchen weder Angst noch Beklemmung empfunden hätten. Bist du also »ein Taucher, der auszog, um das Fürchten zu lernen«, wirst du enttäuscht werden. Das Gruseligste an einem Nachttauchgang sind die Phantastereien und das Taucherlatein davor. Während des Tauchgangs wird deine Aufmerksamkeit auf den Lichtkegel gerichtet sein. Dieser kleine Ausschnitt intensiver Farbenpracht wird dich in seinen Bann ziehen. Bewußte Denkimpulse werden durch die erhöhte Konzentration stark reduziert. So bleibt nicht genügend Gedankenkapazität für furchteinflößende Hirngespinste. Das blitzende Gebiß vor dem schwarzen Schlund, das in der Dunkelheit nach dir lechzt, ist vergessen. Dein Denkvermögen, das beim Tauchen ohnehin schon auf Sparflamme arbeitet, wird nachts durch die eingeschränkte Wahrnehmung noch mehr gedrosselt. Darüber solltest du dir im klaren sein.

Höhlen- und Wracktauchen

Was ist eine Höhle? Dumme Frage! Ein Loch, das mehr oder weniger waagrecht ins Erdinnere führt. Höhle ist jedoch nicht gleich Höhle. Beim Tauchen kennen wir Überhänge, Grotten, Kavernen und »richtige« Höhlen. Wobei wir noch zwischen Salz- und Süßwasserhöhlen unterscheiden.

Überhänge sind horizontale Einkerbungen in Korallenriffen oder Felswänden. Sie bieten Fischen einen guten Schutz und stellen für einige lichtempfindliche niedere Tiere, wie zum Beispiel Krustenanemonen, ideale Umweltbedingungen dar. Es herrscht also meist pralles Leben an solchen Plätzen, was sie für uns Taucher so außerordentlich interessant macht. Kleinere Überhänge wirst du dir von außen betrachten, größere kannst du untertauchen. Der einzige Unterschied zum Openwater-Tauchen ist, daß du ein »Dach« über dem Kopf hast. Da eines der größten Risiken beim Tauchen der schnelle Senkrechtstart nach oben ist, könnten wir diese Bedeckung sogar als zusätzliche Sicherheit schätzen – hindert sie uns nicht massiv an einem Panikaufstieg? So logisch denken wir aber meist beim Tauchen nicht! Besonders Tauchanfänger können unter Überhängen leicht Beklemmungen verspüren. Diese aufkeimende Furcht wird nicht ausgelöst durch eine erkannte, reale Bedrohung, sondern sie entstammt dem Unterbewußtsein, das auf Unbekanntes, Dunkles und Enges vorsichtshalber erst einmal mit Angst reagiert. Hier helfen die schon bekannten Allheilmittel: ruhiges Atmen, die Hand eines fürsorglichen Tauchpartners und das schrittweise Herantasten an das Neue.

Bei einer Grotte liegt die Höhlendecke über dem Wasserspiegel. Wir können also ohne Behinderung zur Oberfläche auftauchen. Meist herrscht in Grotten

»Dämmerung«, da das Tageslicht nur durch eine seitliche Öffnung eindringt. Genau wie bei den Überhängen kann das auf einen unerfahrenen Taucher etwas beängstigend wirken.

Meeresgrotten sind oft durch eine starke Brandung entstanden. So muß auch gegenwärtig mit starken Wellenbewegungen im Grotteninneren gerechnet werden. Wellen sind kein Grund zur Panik, solange du dich richtig verhältst. Versteife deinen Körper nicht und kämpfe nicht gegen die viel stärkere Welle an. Laß los! Versuche, ein Gefühl für die Bewegung zu entwickeln. Nimm den Wasserschub zur Hilfe, um dich fortzubewegen. Zieht sich die Welle in deine Gegenrichtung zurück, paddele gerade so langsam, daß du auf der Stelle bleibst. Spürst du den Vorwärtsschub, gib »Gas«. So kommst du schnell und energiesparend voran. Hast du die Möglichkeit, dich festzuhalten, kannst du sogar ohne Flossenschlag in einer Brandung vorankommen: beim Rückwärtsschub festhalten, beim Vorwärtsschub einfach treiben lassen. Allerdings mußt du genügend Abstand zu Felswänden und anderen Hindernissen halten, wo die Wassermassen aufprallen. Weniger erfahrene Taucher sollten sich nur mit erfahrenen Tauchern, die die Gegebenheiten kennen, in eine Grotte wagen. Das gleiche gilt für Kavernen.

Kavernen sind Höhlen oder Höhlenabschnitte, in die noch Tageslicht dringt. Es gibt Kavernen, die ohne weiteres auch dem weniger erfahrenen Taucher ohne zusätzliche Ausrüstung, beispielsweise eine Lampe, zugänglich sind. Wichtig ist, daß du gut tarieren kannst und vorsichtig mit den Flossen schlägst, damit du keinen Schlamm aufwirbelst.

In Florida, dem Eldorado des Kavernen- und Höhlentauchens, dürfen Taucher ohne entsprechendes Brevet keine Lampe mitnehmen. Das ist eine sehr vernünftige Regelung. Die größte Gefahr in einer Höhle ist, daß du in deiner Begeisterung ohne erforderliche Sicherheitsmaßnahmen zu tief hineintauchst oder mit deinen Flossen Sediment aufwirbelst und dann den Ausgang nicht mehr findest. Ohne Lampe wärst du gezwungen, sofort umzukehren, sobald es zu dunkel wird. Schneller als du vermutest, kannst du im Dunkeln einer Höhle die Orientierung verlieren. Dunkelheit, Enge, Orientierungslosigkeit in einem lebensfremden Element – mehr Grund zur Panik kannst du gar nicht finden. Verläuft eine Panik im offenen Wasser meist glimpflich ab, enden Paniken in Höhlen fast immer tödlich.

> *In engeren Kavernen, die tief ins Erdinnere führen, oder*
> *gar in »richtigen« Höhlen, in die kein Tageslicht mehr hineinscheint,*
> *solltest du nur tauchen, wenn du dich im offenen Wasser*
> *entspannt und angstfrei fühlst, mit deiner Ausrüstung bedenkenlos*
> *klarkommst und exakt tarieren kannst.*

Aber auch für den erfahrenen Taucher ist es unbedingt erforderlich, vorher an einem Kavernen- oder Höhlentauchkurs teilzunehmen. In diesem Kurs wird gelehrt, wie du dich sinnvoll ausrüstest und entsprechend tarierst. Du übst, mit der Sicherheitsleine umzugehen und dich höhlengerecht fortzubewegen. Du lernst Vorsichtsmaßnahmen und Regeln kennen. Wie in keinem anderen Bereich des Tauchens ist dieses Wissen lebensnotwendig.

Was du nicht lernst, ist, mit deiner eigenen Angst umzugehen. Mehrere hundert Meter in eine Höhle hineinzutauchen, eine widerspenstige Leine zu führen, die es darauf abgesehen hat, sich ständig zu verheddern, aufzupassen, daß ja kein Stäubchen emporsteigt, das Wissen, es gibt kein »sofort hoch«, sondern nur zwanzig oder mehr Minuten zurück zum Ausgang, das alles ist eine enorme psychische Belastung, bei der du an deine Grenzen stoßen kannst. Mit diesem Streß bist du ziemlich alleine. Dein Tauchpartner ist nur eine Schattengestalt mit Lichtkegel, und nicht anders nimmt er dich wahr. Die Kommunikation ist stark eingeschränkt. Bei einer aufkommenden Panik sich eine beruhigende Hand zu suchen ist in einer engen Höhle oft schwierig.

Ich habe schon viele Menschen überredet, tauchen zu lernen, obwohl – oder gerade weil – sie Angst hatten. Tauchen ist eine hervorragende Therapie, um Lebensängste abzubauen. Ich würde aber niemanden gegen seinen Willen überreden, in eine Höhle zu tauchen. Höhlentauchen ist nicht jedermanns Sache. Wenn du dich fürchtest, laß die Flossen davon!

Darüber hinaus gibt es das richtige Höhlentauchen in unterirdische, geschlossene und weitverzweigte Höhlensysteme. Meist handelt es sich dabei um Süßwasserhöhlen. Da diese Art des Tauchens nichts mehr mit Sporttauchen zu tun hat, sondern nur den berufsmäßigen Höhlenforschern vorbehalten sein sollte, wollen wir es hier außer acht lassen.

Ein Wrack ist im Grunde eine künstliche Höhle mit allen ihren Variationen wie Überhängen, Kavernen und »richtigen« Höhlen. Somit sind die gleichen Bedenken und Vorsichtsmaßnahmen angebracht. Vorsicht ist auch geboten, was enge Durchgänge, scharfe Kanten und ähnliches angeht. Das macht das Wracktauchen wie das Höhlentauchen zum Tauchgang für Geübte. Allerdings kann man auch einfach um ein Wrack herum oder darüber hinweg tauchen. Dann gilt ein Wracktauchgang als normaler Openwater-Tauchgang.

Strömungstauchen

Für den einen ist Strömungstauchen abschreckend, für den anderen der schönste Tiefflug der Welt. Ist es ein Kampf gegen die Elemente oder ein Spiel, eine Herausforderung? Wir haben zwei Möglichkeiten: mit oder gegen den Strom zu schwimmen.

Das gilt sowohl konkret als auch symbolisch. Du kannst dich gegen eine Strömung sträuben oder du kannst sie lieben. Entscheidest du dich, an einem Strömungstauchgang teilzunehmen, solltest du dich auch entscheiden, es gerne zu tun. Diese Wahl steht dir tatsächlich frei. »Um gegen eine Strömung anzukämpfen, brauchst du doch Kondition und Kraft!« Mit dieser Aussage stimme ich voll und ganz überein, solange die Betonung auf »anzukämpfen« liegt. Willst du aber einen genußvollen Strömungstauchgang durchführen, kommt es nicht auf ein großes Lungenvolumen und starke Beine an, sondern auf Verstand und Gefühl. Damit will ich nicht behaupten, Strömungstauchen sei ein Kinderspiel. Im Gegenteil, wir sollten dieser Naturkraft den gebührenden Respekt entgegenbringen. Tauchst du im offenen Meer, wird dir die Bekanntschaft mit Strömung kaum erspart bleiben. Die Bandbreite reicht vom leichten Sog bis zur geballten Urgewalt.

Als Anfänger solltest du dich nur mit einem strömungserfahrenen und umsichtigen Partner in eine Strömung wagen. In Gebieten mit extremen Strömungsverhältnissen, wie wir sie beispielsweise in der Inselwelt der Malediven antreffen, ist es auch für erfahrene Taucher sicherer, sich einem ortskundigen Tauchlehrer oder Tauchguide anzuschließen. Der weiß dann, an welcher Koralle er links abbiegen muß, um nicht ins offene Meer gespült zu werden. Es gibt zwei Arten von Strömungstauchgängen:

1. Tauchen von einem festen Punkt,
2. Drifttauchen.

Tauchen von einem festen Punkt

Tauchst du von einem verankerten Boot oder von einem bestimmten Ort vom Ufer aus, ist es natürlich wichtig, den Ausgangspunkt wieder zu erreichen. Dabei ist es meistens (nicht immer!) angebracht, zunächst gegen die Strömung zu tauchen. Weshalb diese Regel gilt, liegt auf der Hand: Läßt du dich zuerst mit dem Strom treiben, kannst du schwer einschätzen, ob du mit deiner Luft und Energiereserve dahin zurückkommst, von wo du gestartet bist.

Der aussichtslose Kampf

Viele Taucher kämpfen tatsächlich gegen die Strömung an. Sie versteifen den ganzen Körper und treten mit angespannten Beinmuskeln hart gegen das Wasser. Dabei verbrauchen sie Energie und natürlich auch entsprechend viel Luft. Da sich die Taucher dabei meistens aufblasen wie Kugelfische, müssen sie sich zusätzlich eines zweiten Gegners erwehren: ihrem eigenen Auftrieb. Beim Kampf mit der Strömung zieht der Taucher immer den kürzeren! Im günstigsten Fall verdirbt sie ihm den Spaß am Tauchgang. Jedoch kann dieses starrsinnige Verhalten auch zur Panik führen. Leider ist die »Kampfsportart« Strömungstauchen selbst unter sehr erfahrenen Tauchern weit verbreitet. Es geht aber durchaus auch anders!

Wie man effektiv gegen eine Strömung taucht

Werde dir erst einmal klar darüber, weshalb du eigentlich tauchst. Du bist ein Hobbytaucher, und Tauchen sollte dir in erster Linie Spaß bringen. Du bist keinem Leistungszwang unterzogen. Das heißt, du brauchst nicht unbedingt von A nach B zu kommen, auch nicht, wenn B das hübsche Korallenriff oder das sehenswerte Wrack bedeutet. Mach den Weg zum Ziel. Erreichst du den gewünschten Punkt, ist es gut. Wenn nicht, ist es auch gut. Wichtig ist nur, daß du dich während des Tauchgangs wohl fühlst. Um dich wohl zu fühlen, mußt du zunächst richtig atmen.

Konzentriere dich auf deine Atmung. Wähle einen ruhigen Atemrhythmus. Wende am besten die natürliche Atemtechnik an, falls du sie beherrschst. Nimm dir vor, diese ruhige Atmung während des gesamten Tauchgangs beizubehalten. Wende gerade soviel Kraft auf, daß dein Atem sich nicht beschleunigt. Versuche zunächst gar nicht, in der Strömung voranzukommen. Verweile erst einmal am selben Fleck. Richte jetzt deine Aufmerksamkeit auf deinen Körper. Ist er etwa angespannt? Vielleicht, weil du fürchtest, von der Strömung mitgerissen zu werden? Sind deine Beinmuskeln verkrampft und trittst du kraftvoll mit den Flossen? Laß los! Spüre die Strömung. Probiere verschiedene Körperhaltungen, um den Einfluß des Wassers zu fühlen. Werde ein Teil des Elements. Entspanne dich soweit wie möglich.

Sowie der Körper locker ist und deine Beinmuskeln sich weich bewegen, wirst du feststellen, daß du im gleichen Zeitraum keine zwei oder drei Flossenschläge brauchst, um auf der Stelle zu bleiben, sondern nur noch einen. Du sparst also Energie und somit Luft. Schaffst du es nun, entspannt in der Strömung zu »stehen«, mach gleichermaßen lockere, aber weitere »Schritte«. Schon kommst du voran, ohne dich groß anzustrengen und hektisch zu atmen. Wähle dein persönliches Tempo. Laß dich dabei von deinem Tauchpartner nicht aus der Ruhe bringen. Beim Tauchen richtet man sich immer nach dem langsamsten Taucher! Gerätst du trotzdem aus der Puste, gilt die Regel: Stop! Atmen! Denken! Handeln!

Betrachte die Strömung nicht als Feind, der dir Böses anhaben will. Akzeptiere sie als einen Spielgefährten, den es gilt, in einem spannenden Wettstreit auszutricksen.

Wie man eine Strömung austrickst

Überlege dir bereits vor dem Tauchgang, was du tun könntest, wenn du abgetrieben wirst. Besteht die Möglichkeit, an einem anderen Ort am Ufer aus dem Wasser zu kommen und zu Fuß zum Ausgangspunkt zurückzugelangen? Fischt euch eventuell jemand mit dem Boot auf, falls ihr zu einer angegebenen Zeit nicht zurück seid? Besteht bei regem Bootsverkehr die Aussicht, »per Anhalter« mitgenommen zu werden? Hast du eine Signalboje und ein akustisches Signal dabei? Kennst du den Strömungsverlauf so gut, daß du Strömungsschatten und Gegenströmungen ausnutzen kannst? Probleme, für die du vor dem Tauchgang schon Lösungen gefunden hast, jagen dir unter Wasser keine Schreckensvisionen ein.

> *Bist du nicht genügend abgesichert, verzichte auf den Tauchgang bei starker Strömung. Wähle einen anderen Ort oder eine strömungsfreie Zeit.*

Nun gibt es noch ein paar Strategien, wie du dir das Spiel mit der Strömung erleichtern kannst:

Schwimme so nah wie möglich über dem Grund oder am Riff, denn dort ist die Strömung am schwächsten. Auf einer Sandfläche kannst du dich vorhangeln, indem du deine Fingerspitzen leicht in den Boden gräbst. An Felsen kannst du dich vorziehen. Problematischer ist es an einem Korallenriff. Aber auch da gibt es hin und wieder kahle Blöcke, an denen du dich festhalten könntest, um dich auszuruhen. Natürlich solltest du stets genau hinschauen, was du anfaßt.

Ich persönlich bin dagegen, daß Taucher in warmen Gewässern Handschuhe tragen. Sie machen den Taucher gegenüber der Umwelt unsensibel. Aufgerissene Fingerkuppen nach einem Tauchgang sind ein Zeichen für verkrampftes, festes Zupacken. Bei einem Tropentauchgang gilt: Tust du den Korallen nicht weh, tun sie dir auch nicht weh.

114

Achte auf deine Körperhaltung! Hältst du dich irgendwo fest, hebe die Beine leicht nach oben, damit du nirgends anstößt. Blicke der Strömung entgegen und richte deinen Körper in Strömungsrichtung aus. Schwimmst du im freien Wasser, halte dich waagrecht. Liegst du schräg im Wasser (Beine nach oben oder unten), hast du einen größeren Strömungswiderstand.

Halte nach Strömungshindernissen Ausschau und gehe dahinter in Deckung. Bedenke, Strömungen gehen nicht immer in die gleiche Richtung. Bemerkst du, daß die Strömung auf größerer Tiefe wechselt, kannst du dich eventuell erst mit dem Strom treiben lassen und dann in geringerer Tiefe wieder zurückgleiten. Wie die Strömung auf den verschiedenen Tiefen verläuft, kannst du erkennen, indem du beobachtest, in welche Richtung deine Luftblasen treiben.

Wenn das Tauchen gegen die Strömung kein Vergnügen bereitet, suche dir ein gemütliches Plätzchen im Strömungsschatten oder halte dich fest. Beobachte, was so vorbeischwimmt, oder konzentriere dich auf die Kleinlebewesen in einem begrenzten Bereich. Wahrscheinlich wirst du erstaunt sein, was du dabei alles entdeckst.

Ist das Tauchboot auf der Riffplatte eines kleinen Riffs verankert, das man umrunden kann, bringt es dir wenig ein, erst gegen den Strom zu schwimmen. Laß dich bis zum Strömungsschatten des Riffs treiben und führe den Tauchgang im Strömungsschatten durch, wenn du dich nicht anstrengen willst. Kalkuliere aber genug Luftreserve ein, um auf der Riffplatte gegen die Strömung zum Anker zu gelangen.

Unterwasserfotografen und -filmer sollten sich vor einem Tauchgang überlegen, ob sie in der Lage sind, mit ihrer Ausrüstung auch in der Strömung zurechtzukommen. Vielleicht ist es ja vernünftiger, einmal einen Tauchgang ohne Kamera zu genießen, als sich abzurackern und sich zu ärgern, weil man wegen der verflixten Strömung kein Bild schießen konnte.

> *Wenn du ohne ortskundigen Führer tauchst,*
> *informiere dich vor dem Tauchgang unbedingt über eventuelle*
> *Strömungen und ihren Verlauf.*

Drifttauchen

Drifttauchen heißt, sich einfach mit der Strömung treiben zu lassen. Da gibt es drei verschiedene Möglichkeiten:

1. Es wird von einem Boot aus getaucht, das der Tauchgruppe folgt und sie nach dem Tauchgang wieder einsammelt.
2. Die Taucher lassen sich parallel zum Ufer treiben, wobei vor oder nach dem Tauchgang ein Fußmarsch in Kauf zu nehmen ist. Voraussetzung dafür ist, daß die Strömungsverhältnisse und das Gelände über Wasser bekannt sind.
3. Die gleichen Voraussetzungen gelten, wenn sich Taucher von der Strömung treiben und von einer hilfreichen Seele an einem vereinbarten Ort mit dem Wagen abholen lassen.

Drifttauchen: Traum eines Tauchers oder Alptraum?

Für viele Taucher bedeutet Drifttauchen schwereloses Dahingleiten, keine Kraftanstrengung, Loslassen. Nur Fliegen ist schöner, wenn überhaupt! Andere Taucher mögen Strömungstauchen überhaupt nicht. Handelt es sich dabei nicht gerade um besessene Fotografen oder Filmer, für die Strömung in der Tat ein Störfaktor darstellt, steckt bei den meisten dieser Taucher Angst dahinter.

Drifttauchen kann unter gewissen Umständen tatsächlich gefährlich werden. Nur sind es nicht die konkreten Risiken, die dem Taucher das Vergnügen verleiden. Öfters ist es die Furcht vieler Menschen, die Kontrolle über sich selbst an etwas Stärkeres abzutreten. Strömung ist nun einmal eine Naturgewalt, die wir nicht aufhalten können. Lassen wir uns mit ihr ein, müssen wir nach ihren

Spielregeln spielen. Die Strömung bestimmt weitgehend das Tempo und die Richtung. Nur wenn wir nicht all unsere Kraft aufwenden, um diese Regel zu durchbrechen, bleibt uns genug Energie, uns innerhalb dieser Regel frei zu bewegen und unsere Kontrolle wiederzuerlangen.

Reale Gefahren

Bevor du an einem Drifttauchgang teilnimmst, solltes du folgende Risiken abwägen:

- Wo treibt die Strömung hin: ins offene Meer oder dem Land zu?
- Ist der Wellengang so hoch, daß die Bootscrew die Taucher schlecht orten kann?
- Kann ein plötzlicher Tropenregen die Sicht über Wasser beeinträchtigen?
- Gibt es noch genug Sonnenlicht nach Beendigung des Tauchgangs?
- Hast du eine Boje und ein akustisches Signal dabei?
- Vertraust du als unerfahrener Taucher deinem Tauchpartner genügend?
- Bist du als erfahrener Taucher in der Lage und auch bereit, deinem weniger erfahrenen Partner behilflich zu sein?
- Hat der Tauchgruppenführer ausreichend Erfahrung in diesem Gebiet?
- Und die wohl wichtigste Frage: Ist auf die Bootscrew Verlaß?

Kommen Zweifel auf, besprich deine Bedenken mit dem Tauchgruppenführer oder der Bootscrew. Hast du danach immer noch ein ungutes Gefühl, verzichte auf den Strömungstauchgang!

Du bist der Strömung nicht willenlos ausgeliefert

Entscheidest du dich für einen Drifttauchgang, genieße bewußt die Erfahrung des Treibenlassens. Erkenne aber, daß du kein Stück Holz oder eine alte Plastiktüte bist, die dem Strom willenlos ausgeliefert ist. In gewissen Grenzen hast du Einfluß auf die Richtung und das Tempo, und das ohne große Anstrengung. Folgendes solltest du wissen:

Nahe am Riff oder dicht über dem Grund ist die Strömung am schwächsten. Dort kannst du also in einen kleineren Gang schalten. Drehst du in einer senkrechten Haltung der Strömung Brust oder Rücken zu, bietest du den größten Strömungswiderstand. Du treibst demzufolge am schnellsten. Am langsamsten bist du hingegen in waagrechter Lage. Du kannst also deine Geschwindigkeit mit deiner Körperhaltung steuern.

Einbuchtungen im Riff, freistehende Felsformationen oder andere Hindernisse bieten Strömungsschatten, hinter denen du eine Rast einlegen kannst. Tauchst du in einen Strömungsschatten ein oder aus, gerätst du oft in einen Wirbel. Diesen gilt es, mit etwas kräftigeren Flossenschlägen zu durchschwimmen.

Abwärtsströmungen können verhängnisvoll sein, wenn du nicht weißt, wie du dich verhalten mußt. Am sichersten ist es, relativ nahe am Riff zu tauchen. So kannst du dich notfalls am Riff festhalten. Abwärtsströmungen im freien Wasser tarierst du mit dem Jacket oder der Weste aus. Dabei solltest du deinen Tiefenmesser oder Computer im Auge behalten. Bei Aufwärtsströmungen heißt es: Kopf runter, Flossen hoch und aktiv nach unten paddeln.

Bei starken Strömungsverhältnissen sollte die Nullzeit nicht ausgereizt und selbstverständlich auf keinen Fall überschritten werden. Eine Abwärtsströmung kann dich sonst schnell in die Dekozeit ziehen. Eine Aufwärtsströmung kann einen geschwindigkeitskontrollierten Aufstieg oder eine eventuell einzuhaltende Dekopause verhindern.

Wirst du von einem Kanal aus ins offene Meer getrieben, zögere nicht, sofort langsam aufzutauchen. Kämpfe auf keinen Fall gegen eine starke Strömung an. Bemerkt dich die Bootscrew an der Oberfläche nicht, versuche nicht, gegen eine starke Strömung zum Boot zu kommen. Schwimme seitlich parallel zum Land oder Riff aus der Strömung raus. Die Strömung treibt nur in der Kanalmündung nach außen.

An der Oberfläche

Kommst du einmal in die unangenehme Lage abzutreiben, ohne Aussicht, gleich von einem Boot aufgelesen zu werden, gelten folgende Regeln:

> *Ruhe bewahren! Es kommt nicht darauf an, so schnell wie möglich an Land zu kommen, sondern das Tempo gegebenenfalls stundenlang durchzuhalten. Die Tauchpartner müssen unbedingt zusammenbleiben. Die günstigste Fortbewegung ist mit voll aufgeblasenem Jacket oder aufgeblasener Weste auf dem Rücken. In dieser Lage läßt sich auch ein Schwätzchen halten, Witze erzählen oder singen. Eine gute Stimmung herzustellen und aufrechtzuerhalten ist auf einem längeren Flossentrip äußerst wichtig. Notfalls mußt du den Bleigürtel abwerfen.*

Eistauchen

Genau wie Höhlentauchen ist Eistauchen kein harmloses Sonntagsvergnügen, sondern eine Extremsportart. Hat man beim Höhlentauchen noch die Ausrede, daß man von den Formationen fasziniert ist, geht es beim Tauchen unter einer Eisdecke ganz offensichtlich nur um den »Kick«. Ist ein Taucher erfahren genug und betreibt er die Sache so vernünftig wie möglich, dann sollte man ihm sein Adrenalin gönnen.

Empfehlenswert für jeden, der sich auf dieses Abenteuer einlassen will, ist ein Spezialkurs, in dem man die erforderlichen Techniken und Sicherheitsmaßnahmen kennenlernt. Voraussetzung für die Teilnahme an solch einem Kurs ist entsprechende Erfahrung in Kaltwasser und die einwandfreie Beherrschung der Ausrüstung (z.B. des Trockentauchanzuges).

Ähnlich wie der Höhlentaucher ist der Eistaucher von der Oberfläche abgeschnitten und kann somit seine natürliche Umgebung nur auf Umwegen erreichen. Das stellt eine starke psychische Belastung dar. Ein Unterschied zum Höhlentauchen besteht allerdings doch: Bei einem vorschriftsmäßig durchgeführten Eistauchgang hält ein Leinenführer von außen mittels Leine zu dem

Taucher Kontakt. Diese »lebendige« Verbindung zur Außenwelt ist nicht nur eine Hilfe, um den Ausstieg zu finden, sondern kann auch sehr beruhigend wirken.

Ein anderer Risikofaktor beim Eistauchen, aber auch bei offenen Tauchgängen im Winter, ist die Kälte. Zwar wirkt das kalte Wasser nicht direkt auf den Körper, denn der Taucher steckt meist in einem Trockentauchanzug, zumindest in einem dicken Halbtrockenen. Doch das Gesicht ist der eisigen Umgebung ausgesetzt. An Entspannung der Gesichtsmuskeln ist nicht zu denken. In einem Trockentauchanzug wiederum ist die Bewegungsfreiheit stark eingeschränkt. Außerdem verliert der Taucher aufgrund der dicken Handschuhe seinen Tastsinn. Einfache Handlungen, wie etwa das Öffnen und Schließen einer Geräteschnalle, verlangen höchste Konzentration. Sogar erfahrene Taucher können bei all diesen Erschwernissen zuviel Luft ziehen, wenn sie instinktiv, also unbewußt, atmen.

> *Eine hektische Atmung beeinflußt das physische und psychische Befinden negativ, das wissen wir bereits. Bei Tauchgängen im kalten Wasser kommt noch ein technisches Problem hinzu. Im Atemregler entsteht ein zusätzlicher Temperaturabfall, sowie Luft durchströmt. Je stärker der Luftfluß, desto größer ist die Gefahr, daß der Atemregler vereist und abbläst. Eine ruhige Atmung kann diese technische Panne verhindern. Insbesondere bei Extremtauchgängen sollte jeder Taucher sich bewußt auf seine Atmung konzentrieren.*

Ausbildung:
Süßwasser contra Meer

»Schlammgucker« gegen »Inseltaucher« – die Diskussion ist keineswegs neu und kommt immer wieder auf.

»Wenn die Schönwettertaucher bei uns ins Baggerloch springen, bekommen die doch erst einmal die große Panik.«

»Warum soll ich im Baggerloch tauchen, da sieht man doch nichts!«

Wenn mich jemand fragt, wo er denn besser tauchen lernen kann, zu Hause im Hallenbad und im See oder im Urlaub am Meer, gibt es nur eine richtige Antwort: »Da, wo du am ehesten die Gelegenheit hast.« Die Qualität einer Tauchausbildung richtet sich weniger nach dem Ort als nach den Fähigkeiten des jeweiligen Tauchlehrers. Die Tauchausbildung und das Tauchen zu Hause ist weder schwieriger noch einfacher als am Urlaubsort (und umgekehrt). Es ist einfach anders. Und auch in manchen heimischen Gewässern gibt es eine interessante Flora und Fauna zu entdecken.

Vorteile der Ausbildung
im Hallenbad und im See

Hallenbad

Weder Tauchschüler noch Tauchlehrer stehen unter Zeitdruck. Ein ängstlicher Beginner fühlt sich in der abgegrenzten und vertrauten Umgebung des Schwimmbads zunächst sicherer. Die Furcht vor unbekannten Meerestieren und der Tiefe entfällt. Es bleibt mehr Potential, mit anderen Ängsten umzugehen. Zwischen den einzelnen Lektionen liegen meist ein paar Tage. Die neuen Eindrücke können besser verarbeitet werden. Im Hallenbad gibt es keine bunten Fische, die von der »Arbeit« ablenken. So bleibt mehr Zeit, ein variantenreiches Ausbildungsprogramm zu gestalten und Übungen öfters zu wiederholen.

Nach dem bestandenen Tauchkurs kann im vertrauten Kreis am Hallenbadtraining teilgenommen werden. Ein gut aufgebautes Training schafft Kondition und trägt viel zur Tauchsicherheit bei, solange schwächere Taucher nicht überfordert und unter Leistungsdruck gestellt werden.

See

Der Tauchanfänger wird von vornherein mit drei wichtigen Streßfaktoren vertraut, nämlich mit schlechter Sicht, Kälte und dem Neoprenanzug. Der Neoprenanzug engt nicht nur ein, er erschwert auch das Tarieren. Mit einem Anzug mußt du mehr Blei mitnehmen, denn das Material hat aufgrund seiner Lufteinschlüsse Auftrieb. Tauchst du tiefer, drückt sich die Luft im Neopren zusammen, demzufolge wirst du »schwerer«. Diesen Verlust an Auftrieb mußt du durch Luft in deinem Jacket oder deiner Tarierweste ausgleichen. Je mehr Luft dein Jacket enthält, desto größer ist der Volumensunterschied in den einzelnen Tiefen – das Tarieren wird dadurch schwieriger.

Gewöhnlich ist ein Kaltwassertaucher eher geneigt, sich an Einzelheiten zu erfreuen: »Ein Supertauchgang! Wir haben den Haushecht gesehen.«

Die Nachteile

Hallenbad

Chlorwasser, im Gegensatz zu Salzwasser, brennt in den Augen, auch wenn es nicht mit Sauerstoff in Verbindung kommt. So ist die Scheu, im Schwimmbad die Augen zu öffnen, nicht ganz unbegründet. Die Tauchschüler entwickeln eher eine Abneigung gegenüber allen jenen Übungen, die ohne Maske durchgeführt werden. Der Schritt vom Schwimmbecken zum See wird oft (mit Recht) als meilenweit empfunden. Ängste, die in mehreren Übungsstunden gerade abgebaut (beziehungsweise verdrängt) wurden, kommen im dunklen, kalten Wasser, eingepreßt im Neopren, mit geballter Kraft wieder hoch.

See

Der Übungstauchgang im offenen Gewässer hat oft den Streßcharakter einer Führerscheinprüfung. Es wäre sinnvoller, wenn die Beginner zunächst einige übungsfreie Tauchgänge im Freiwasser unternehmen würden, bevor der Tauchlehrer einen Abschlußtest von ihnen verlangt.

Der erste Tauchgang in einem trüben, kalten See, eingeengt in einem unbequemen Anzug, löst wohl bei jedem Tauchanfänger unangenehme Assoziationen aus. Die Atmung geht hektisch. Der Körper, vor allem die Gesichtsmuskeln, sind verspannt. Manche Anfänger überwinden (oder verdrängen) ihre negativen Gefühle. Sie kommen mit einem neuen Selbstbewußtsein an die Oberfläche: »Mann, ich kann das! Nach den ersten paar Minuten war das gar nicht mehr so schlimm.« Vielen Beginnern prägen sich aber die unangenehmen Empfindungen tief in ihr Unterbewußtsein ein. Es ist dann schwierig, die negativen Eindrücke umzuprogrammieren. Für Anfänger, die nicht zu den furchtlosen Wasserratten zählen, ist es manchmal besser, mit ihrem ersten Freiwassertauchgang bis zum Urlaub zu warten. Haben sie im klaren, wärmeren Gewässer Spaß am Tauchen gefunden, wird der erste Tauchgang im heimischen See eine Umstellung sein, aber er wird nicht zum Horrortrip.

Vorteile der Ausbildung im Meer

Am Urlaubsort tauchen zu lernen ist natürlich wesentlich motivierender, denn hier wartet zur Belohnung für die »lästigen« Übungen eine oft farbenfrohe und erlebnisreiche Welt – und das schon während des Tauchkurses. Beim Urlaubstauchen steht das Erlebnis Natur im Vordergrund und nicht der Sport. Finden bereits die ersten Flachwasserlektionen im Salzwasser statt, entfällt die Umgewöhnungsphase von den vertrauten vier Wänden im Schwimmbecken zu den furchteinflößenden Weiten des offenen Gewässers.

Salzwasser brennt nur in den Augen in Verbindung mit Sauerstoff. Eine Rötung der Bindehaut, wie im Chlorwasser, ist im Salzwasser selten. Die Ausrede »Ich kann die Augen unter Wasser nicht aufmachen. Ich habe so empfindliche Augen« gilt im Salzwasser nicht.

Der Tauchschüler gewöhnt sich von Anfang an an die Bewegungen des Meeres, wie Brandung und Strömung. Die aufregende Unterwasserwelt lenkt von Ängsten ab. Sie veranlaßt zum Weitermachen, auch wenn der Beginner einmal einen schlechten Tag hatte. In den Tropen kann auf einen dicken Anzug verzichtet werden. So kann der Tauchschüler ausschließlich mit der Lunge tarieren, vorausgesetzt, er ist nicht überbleit.

Die Nachteile

Dem Urlauber bleibt nur eine begrenzte Zeit, um das Tauchen zu lernen. Tauchschüler und -lehrer stehen unter Zeitdruck. Oft müssen zwei Lektionen am Tag absolviert werden, was einige Anfänger überfordert. Da Fischegucken und »richtig« Tauchen das Hauptinteresse darstellen, bleibt für ein variantenreiches Übungsprogramm zu wenig Zeit. Für jemanden, der in den Tropen nur im T-Shirt oder im Lycraanzug getaucht hat, ist es eine große Umstellung, sich in heimatlichen kühleren Gewässern in einen dicken Neoprenanzug zu zwängen. Auch sind Taucher, die in tropischen Gewässern gelernt haben, sehr verwöhnt. Es gibt kaum eine Steigerung. Manchmal finden schon Taucher mit wenig Erfahrung einen Tauchgang langweilig, weil sie lediglich einem Manta begegnet sind und der Hai nicht die Größe eines Wales hatte. Diese Taucher müssen erst lernen, sich an der Vielfalt der Kleinlebewesen oder einfach an dem berauschenden Gefühl der Schwerelosigkeit zu erfreuen.
Viele Taucher haben keine Ambitionen, ins heimische Gewässer zu springen oder wöchentlich am Hallenbadtraining teilzunehmen. Sie bleiben reine Urlaubstaucher. Dagegen ist nichts einzuwenden. Schließlich sind die meisten Skifahrer, Surfer und Bergsteiger auch »nur« Urlaubssportler. Wer aber mehrere Monate oder gar Jahre keinen Automaten im Mund hatte, sollte sich eingestehen, daß er erst einmal einen Eingewöhnungstauchgang braucht. Ein Check mit den wichtigsten Übungen im flacheren Wasser ist unbedingt notwendig. Das gilt besonders für die Taucher, die diese lästigen Übungen nicht mögen, nach dem Motto: »Meine Maske sitzt so gut, da kommt ganz bestimmt kein Wasser rein« oder »Wechselatmung?! Ich habe doch einen Octopus.«

Der Checktauchgang dient nicht dazu, den Tauchlehrer zufriedenzustellen, sondern trägt einzig und allein zur Tauchsicherheit bei. Jeder Taucher, der längere Zeit nicht unter Wasser war, sollte auf einen Checktauchgang bestehen. Darüber hinaus ist es ratsam, daß jeder Taucher freiwillig die wichtigsten Tauchübungen gelegentlich praktiziert.

Natürliche Atemtechnik im Süßwasser

»Kann man die *natürliche Atemtechnik* auch im Kaltwasser anwenden?« Klar! Auch (oder gerade) in einem trüben, kalten See ist eine Methode, die Streß und Angst abbaut, erstrebenswert. Gewiß, am effektivsten empfindet man das natürliche Atmen in den Tropen. Ohne Anzug kann der Taucher ausschließlich mit der Lunge tarieren, wie ein Fisch mit der Schwimmblase. Seinen Körper kann er im warmen Wasser total entspannen.

In erster Linie geht es aber bei der *natürlichen Atemtechnik* um die unmittelbare Beeinflussung des psychischen Wohlbefindens durch die Atmung. Weniger Blei und leichteres Tarieren sind ja nur lohnende Begleiterscheinungen. Im dicken Tauchanzug braucht der Taucher natürlich die entsprechende Menge Blei, um unterzugehen. In größerer Tiefe, wo sich das Neopren zusammenpreßt, muß er den Volumensverlust mit Luft im Jacket ausgleichen. Mit der *natürlichen Atemtechnik* braucht der Taucher allerdings von vornherein etwa 2-3 Kilogramm weniger Blei, als wenn er nicht auf seine Atmung achtet. Mit weniger Blei läßt sich mit dem Jacket auch besser tarieren. Je weniger Luft im Jacket ist, desto kleiner ist die Volumensveränderung beim Auf- und Abtauchen. Die *natürliche Atemtechnik* eignet sich aber vor allem dazu, Tauchanfängern bei ihren ersten Freiwassertauchgängen die Angst zu nehmen. Ist ein Tauchschüler auf die Handbewegung seines Tauchlehrers fixiert (siehe hierzu S. 32 ff.), findet er in kürzester Zeit einen ruhigen Atemrhythmus und wird sich trotz Kälte einigermaßen entspannen können. Wer ruhig atmet und seinen Körper entspannt, kann keine Angst empfinden.

Lebewesen unter Wasser

In dieser für den Menschen fremden Welt gibt es auch unzählige fremde Tiere, die wir als Landlebewesen höchstens aus Meeresaquarien oder aber aus Unterwasserfilmen kennen. Nun ist es nicht meine Absicht, einen ausführlichen Führer über die Lebewesen der Seen und Meere zu schreiben. Über Fauna und Flora gibt es viele wunderbare Bücher, in denen sich jeder bestens und ausführlich informieren kann. Vielmehr möchte ich dir deine eventuelle Angst nehmen vor ungewöhnlichen, neuen Begegnungen bei deinen Tauchgängen und auch Verhaltensregeln mit auf den Weg geben, die das Tauchen sicherer machen.

Haie

»Gibt es hier Haie?« Kein Mensch fragt mich, ob es hier Heringe, Sardinen oder Langnasenbüschelbarsche gibt! Wenn mich ein interessierter Taucher nach diesen aquadynamischen Räubern fragt, kann ich das sehr gut verstehen. Unumstritten ist der Hai einer der faszinierendsten und elegantesten Fische, die es gibt.
Für denjenigen aber, der diese Frage aus ängstlicher Ablehnung stellt, wäre es sinnvoller, sich zu erkundigen, ob es hier Autos gibt. Zweifellos bist du in größerer Gefahr, wenn sich dir ein Auto nähert, als wenn ein Hai käme. Haiangriffe sind selten. Deshalb werden sie von der Presse zu auflagensteigernden Schlagzeilen hochstilisiert. Die Wahrheit ist: Es gibt nur wenige Haiarten, die dem Menschen gefährlich werden können. Diese Räuber leben in der Tiefsee. Ein Taucher am Riff wird sie kaum zu Gesicht bekommen. Haiattacken in Küstennähe schließen oft menschliches Mitverschulden nicht

aus, zum Beispiel durch Anfüttern. Wellenreiter, die in Gebieten surfen, in denen große Haie jagen, müssen damit rechnen, von einem kurzsichtigen Hai mit einer Robbe verwechselt zu werden. Harpunenfischer brauchen sich auch nicht zu wundern, wenn ein Hai ihnen die im Todeskampf zappelnde Beute abjagen will. Die Haie, die du bei einem Tropentauchgang am Riff entdeckst, sind eher scheu. Außerdem paßt ein Taucher mit all seiner Ausrüstung gar nicht in das Beuteschema eines Hais. Am besten verhältst du dich so ruhig wie möglich, falls dir ein Hai begegnet. So hast du vielleicht die Chance, dieses faszinierende Wunderwerk der Natur erstmals eingehend zu betrachten.

Muränen

Fällt der Hai als furchteinflößendes Ungeheuer weg, muß die Muräne herhalten. Muränen ähneln in ihrer Körperform der Schlange. In unserem Kulturkreis hat dieses Reptil nun einmal einen schlechten Ruf. Außerdem reißt die Muräne ständig scheinbar angriffslustig das Maul auf. Aber Muränen atmen auf diese Weise.

Vor allem kleinere Muränen zwicken hin und wieder, wenn sie sich von der Riesenpranke einer dieser blasenspeienden Ungetüme bedroht fühlen. Große, dicke Muränen lassen sich nicht so leicht erschrecken. Von ernsthaften Verletzungen durch Muränenbisse habe ich bis jetzt nur gehört in Gebieten, in denen Muränen angefüttert werden. Aber auch dann handelte es sich nie um Aggressivität. Die Muränen hatten den Taucher lediglich mit dem angebotenen Futter verwechselt.

Giftfische

Mit Ausnahme des Rotfeuerfisches sind giftige Fische wie Drachenkopf, Skorpionsfisch, Steinfisch und Petermännchen gut getarnt. Alle diese Arten tragen giftige Stacheln auf dem Rücken. Im allgemeinen ist es besser, unter

Wasser nichts zu berühren. So tust du dir erstens nicht weh und zweitens kannst du nichts zerstören. Sollte es aber nicht zu vermeiden sein, zum Beispiel bei Strömung, paß genau auf, wo du hinfaßt. Handschuhe schützen nicht vor den Stacheln der Giftfische. Im Gegenteil: Da du kein Gefühl in den behandschuhten Fingern hast, ziehst du deine Hand nicht reflexartig zurück, wenn du etwas Ungewöhnliches ertastest.

Verwunderlich ist, daß beispielsweise auf den Malediven, wo sich Steinfische und Skorpionsfische neben unvorsichtigen Touristen häufig in Ufernähe aufhalten, fast keine Unfälle passieren. Verdanken tun wir das nur den Fischen selbst. Die mögen es nämlich ganz und gar nicht, wenn jemand auf ihnen herumtrampelt. Blitzschnell bringen sie sich in Sicherheit.

Stachelrochen

Stachelrochen stellen kaum eine Gefahr für Taucher oder Schnorchler dar. Selbst wenn man sie aufschreckt, machen sie keine Anstalten, sich zu wehren – sie flüchten. Badende, die im Flachwasser herumplanschen, gehen ein größeres Risiko ein. Ein Rochen, der sich gerade im Sand ein gemütliches Lager gebuddelt hat, könnte es übelnehmen, wenn ihm jemand auf den Kopf steigt. Der Stachel an seinem Schwanz ist mit kleinen Widerhaken versehen und kann böse Wunden reißen. Wer im Flachwasserbereich herumspaziert, sollte über den Boden schlurfen und nicht mit dem Fuß von oben herumstapfen. So gibst du dem Fisch eine Chance, sich vor dir in Sicherheit zu bringen.

> *Werden »gefährliche« Fische in ihrem natürlichen Verhalten nicht beeinflußt (wie etwa durch Fütterungen) oder bedrängt, ignorieren sie im allgemeinen die Taucher oder flüchten vor ihnen.*

Drückerfische

Die einzigen aggressiven Fische, die lästig werden können, sind die großen Drückerfische. Wenn sie ihre Nester bewachen, greifen sie alles an, was in ihre Nähe kommt. Sie haben stumpfe Zähne, aber ein kräftiges Gebiß. Die Bisse verursachen blaue Flecken oder kleine Wunden. Das ist schmerzhaft, aber nicht lebensbedrohlich. Wirst du von einem Drückerfisch angegriffen, halte ihm die Flosse entgegen. Tritt aber nicht nach ihm, das macht ihn nur noch wütender. Bewege dich nicht. Versuche durch Einatmen oder Aufblasen des Jackets, etwas höher zu kommen. Dreht er dir seine Schwanzflosse zu, nimm die Gelegenheit zum Rückzug wahr. Rühr dich nicht, sobald er sich wieder umdreht.

Passive Gefahren

Neben den aktiven »Angstmachern« gibt es noch passive »Feinde« wie die Feuerkoralle, verschiedene »Nesselkräuter« (Hydrozoen), Anemonen, Quallen und Seeigel. Da es beim Ausweichmanöver auf die Umsicht und die Körperbeherrschung der Taucher ankommt und nicht auf die Geschicklichkeit der Tiere, sind unliebsame Kontakte nicht selten.

Erste-Hilfe-Maßnahmen bei Nesseltieren unter Wasser: die betroffene Hautstelle mit Sand oder einer rauhen Oberfläche, wie das Ende des Bleigurtes, Jackets etc., abreiben. An Land mit Säure behandeln, zum Beispiel Essig- oder Zitronensäure. Die Vernesselungen sind zwar äußerst unangenehm, aber harmlos. Da der Schmerz an Land auch nicht besser zu ertragen ist als im Wasser, besteht kein Grund zum Auftauchen. Anders ist es bei Berührungen mit **Quallen.** Diese können eine allergische Reaktion hervorrufen. Du solltest sofort deinen Tauchpartner verständigen und den Tauchgang eventuell abbrechen. **Seeigelstachel** solltest du nicht mit einer Nadel aus der Haut pulen. Die Stacheln lösen sich von selbst auf. Zitrone oder Papaya auf die Einstiche geben, das kann den Auflösungsprozeß beschleunigen.

Ein Wort an den Tauchlehrer

Erstaunlicherweise kennen die wenigsten Taucher die *natürliche Atemtechnik*, obgleich diese Technik doch so verblüffend logisch und die praktische Anwendung so einfach ist. Aber immerhin hat es auch Jahrhunderte in der Menschheitsgeschichte gebraucht, ehe Newton bemerkt hat, daß Äpfel nach unten fallen.

Verwunderlich ist auch die Reaktion einiger Tauchlehrer, mit denen ich über das Thema gesprochen habe:

»So wenig Blei ist doch gefährlich.«

»Mit Atemtechnik überforderst du den Anfänger in der ersten Stunde.«

»Ich bilde seit Jahren meine Beginner normal aus, bis jetzt fanden die das toll!«

Aber die Erde ist keine Scheibe ... und sie bewegt sich doch! Warum also der Stillstand im sonst so bewegten Taucherkosmos? Da mag ich den Einwand lieber: »Wie soll ich jedem Schüler atmen zeigen, wenn ich zehn oder mehr Leute auf einmal im Wasser habe?« Damit treffen wir nämlich ein Problem der Tauchausbildung wie den Nagel auf den Kopf. In einer »Tauchfabrik« kann kein Tauchlehrer hinreichend auf den einzelnen Tauchschüler und seine Ängste eingehen. Dabei wird oft außer acht gelassen, daß man bei diesen Massenabfertigungen mit Menschenleben spielt. Dessen sollte sich jeder Tauchlehrer stets bewußt sein. Aber hier stehen andere Fragen zur Debatte, nämlich:

- Wie lehrt man die natürliche Atemtechnik?
- Welche Vorteile bringt die natürliche Atemtechnik im Tauchunterricht?
- Läßt sich die natürliche Atemtechnik im kommerziellen Tauchbetrieb realisieren?

Wie lehre ich,
natürlich zu atmen?

Der Schüler bekommt im Schnitt zwei bis drei Kilogramm weniger Blei, als er ohne die *natürliche Atemtechnik* bräuchte, um unterzugehen. Wieviel das ist, hängt von der Ausrüstung und dem spezifischen Gewicht des Körpers ab. Fettgewebe ist bei gleichem Volumen leichter als Muskeln, es hat demzufolge mehr Auftrieb. Sodann gehe ich Schritt für Schritt vor:

 Zunächst lasse ich den Beginner im Wasser so atmen, wie er will. Geht er dabei unter, nehme ich ihm Blei ab. Oft streckt er schon nach ein paar Atemzügen den Kopf aus dem Wasser mit einem vorwurfsvollen »Ich komme ja gar nicht runter«.

 Nun kläre ich den Schüler über seine reflexartige Atmung und die Vorteile der natürlichen Atemtechnik auf. Es ist wichtig für den Tauchschüler, sein unbewußtes Verhalten zu erkennen und den Sinn seines Tuns zu begreifen. Dann erkläre ich ihm die Handzeichen, die ich benütze, um ihm das Atmen zu zeigen (siehe S. 32 ff.). Ich weise nochmals darauf hin, daß gerade der Stop nach dem Ausatmen notwendig ist. Das ist die Phase, in der der Körper absinkt. Ebenso wichtig ist es, nach dem Einatmen die Luft *nicht* anzuhalten. Neben der Atemtechnik ist aber auch die körperliche Entspannung von großer Bedeutung. Verkrampfte Muskeln treiben nach oben. Auch das muß der Schüler wissen.

 Mit einer Hand fasse ich nun die Hand des Schülers. Das gibt ihm zum einen eine gewisse Sicherheit, zum anderen kann ich durch die Berührung den Grad seiner Verspannung spüren. Jetzt zeige ich dem Beginner mit meiner freien Hand, wie er atmen soll (siehe S. 33/34):

- Handrücken von ihm weg – einatmen.
- Handrücken zu ihm hin – ausatmen.
- Handfläche vor sein Gesicht – stop.

Schon nach wenigen Atemzügen sind wir gemeinsam abgesunken und liegen bäuchlings auf dem Grund (im Flachwasser). Ich bevorzuge für Übungen im Flachwasser die Bauchlage. Der Schüler kann sich in der gestreckten Haltung besser entspannen, als wenn er sitzt oder kniet.

 Kann der Beginner sich – zumindest eine Weile – ohne meine Handzeichen auf seine Atmung konzentrieren, wende ich meine Aufmerksamkeit seinem Körper zu. Ich nehme seine beiden Hände und schüttle seine Arme leicht, um ihn daran zu erinnern, sich zu entspannen. Das gleiche kann ich mit seinen Beinen tun, sobald ich sehe, daß die Muskeln des Unterkörpers verspannt sind und die Beine nach oben treiben. Bei sehr verkrampften Personen hilft es, sie um ihre eigene Achse zu drehen; so erfahren sie die dreidimensionale Beweglichkeit. Dabei verlieren sie leichter die Angst vor dem Fallen.

Der Handkontakt zwischen Tauchlehrer und -schüler ist auch im weiteren Verlauf der Ausbildung wichtig. Gerade bei den ersten tieferen Tauchgängen bedeutet die Hand des Tauchlehrers Geborgenheit in der fremden Welt und die Rettung, da sie im Notfall näher ist als die Wasseroberfläche. Für den Tauchlehrer ist die Berührung eine zuverlässige Anzeige für die Gefühlsskala seines Beginners. Es gibt viele Tauchschüler, aber auch erfahrene Taucher, die ruhig und lässig erscheinen, jedoch innerlich total verspannt sind.

Mit der *natürlichen Atemtechnik* handelt der Tauchschüler gegen seine Instinkte. Deshalb muß er sich zunächst konzentrieren, bis sein Unterbewußtsein den Atemrhythmus als normale Verhaltensweise akzeptiert hat. Das ist ähnlich wie Autofahrenlernen. Zunächst denkst du noch darüber nach, mit welchem Fuß du die Kupplung treten mußt oder wie du schaltest. Mit etwas Fahrpraxis geht das dann ganz automatisch.

Natürlich läßt die Konzentration des Beginners bei den ersten Tauchgängen ab und zu nach, gibt es doch so viele neue Eindrücke, die ablenken. Da muß der Tauchlehrer eingreifen. Steigt der Beginner ungewollt nach oben, muß er durch Handzeichen wieder nach unten dirigiert werden. Das gilt besonders gegen Ende des Tauchgangs, wenn die Flasche leichter wird und deshalb noch intensiver auf das Ausatmen geachtet werden muß.

Besonders bei ängstlichen oder nervösen Schülern ist es hilfreich, anfangs vor und nach einer Übung (Maske ausblasen, ohne Maske tauchen, Wechselatmung etc.) das Atmen zu zeigen. Denn die Übungen sollen bewußt und ruhig erfahren und nicht hektisch mit Ach und Krach abgehakt werden.

Als Tauchlehrer steht dir aber nicht nur die *natürliche Atemtechnik* zur Verfügung, um den Schüler streßfrei an das Tauchen heranzuführen. Ebenso einfach wie wirkungsvoll ist das Erkennen und Erklären der unbewußten Ängste und des instinktiven Fehlverhaltens des Landlebewesens unter Wasser. Beide Methoden zusammen bewirken manchmal Wunder.

Die Vorteile der natürlichen Atemtechnik

Die Vorteile für den Tauchschüler liegen auf der Hand. Jeder Anfänger, ob er ein ängstliches Naturell hat oder nicht, atmet unter Wasser in einem reflexgesteuerten, widernatürlichen Atemrhythmus. Mit dieser Atmung verspannt er seinen Brustkorb und beeinflußt damit sein physisches und psychisches Befinden negativ. Durch das Atmenzeigen wird der Beginner gezwungen, bewußt und kontrolliert zu atmen. Selbst ein ängstlicher Taucher kann sich in keine Panik hineinsteigern, solange er ruhig atmet.

Ein extrem hoher Luftverbrauch, wie er gerade im Anfängerstadium vorkommt, wird mit der natürlichen Atmung von vornherein unterbunden.

Der Tauchschüler fühlt sich nicht durch übermäßig viel Blei mechanisch in die Tiefe gezogen. Er schwebt und kann mit seiner Atmung selbst bestimmen, ob er nach oben oder nach unten will.

Das größte Risiko bei der Ausbildung, der Panikaufstieg mit angehaltener Luft, wird entschärft. Der Reflex, Luft anzuhalten, wird bei der natürlichen Atemtechnik abgewöhnt.

Indem du als Tauchlehrer die unbewußten Ängste erklärst, kannst du gerade ängstlichen Beginnern eine Portion Selbstvertrauen zurückgeben. Sie fühlen sich nicht als Versager oder »Hasenfüße« nach dem Motto: »Das kann ich sowieso nicht«, sondern begreifen, daß ihre Angst normal ist. Wissen sie um deren Ursprung, können sie die Auswirkung leichter rational beseitigen.

Auf den Schultern eines Tauchlehrers lastet eine große Verantwortung. Menschen vertrauen dir immerhin ihr Leben an. Der Anfänger, aber auch ein »fertiger« Taucher mit relativ wenig Erfahrung, ist in dem fremden Element kein eigenverantwortliches, mündiges Individium. In einer kritischen Situation verlangt man von dir, dem Tauchlehrer als Guru, als Allwissender zu handeln. Aber welche Möglichkeiten hast du, wenn ein Taucher plötzlich die Augen weit aufreißt, unkontrolliert mit den Armen fuchtelt und atmet wie eine Dampflok auf dem Weg zumTiticacasee? Du weißt, die Panik ist vorprogrammiert, aber ihr schwebt in 20 Meter Tiefe.

Den Tauchschüler an die Hand nehmen. In die Augen schauen. Langsam aufsteigen. Das sind hilfreiche Maßnahmen. Allerdings ist keine effektiv genug, den Taucher auf der Stelle zu beruhigen und den Tauchgang gelassen fortzuführen. Mit dem »Atmen zeigen« hast du ein unschätzbares Werkzeug in der Hand. Keine andere Methode erlaubt dir so schnellen und unmittelbaren Einfluß auf die Emotionen deines Schützlings. Eine aufkommende Panik kann in Sekunden gestoppt werden, ist der Tauchschüler auf die Hand seines Lehrers fixiert.

Natürliche Atemtechnik – im kommerziellen Tauchbetrieb realisierbar?

Ein Tauchlehrer, der gezwungen ist, mehr als sechs Schüler gleichzeitig auszubilden, kann sich schlecht auf die *natürliche Atemtechnik* einlassen. Er sollte lieber weiterhin nach dem darwinistischen Prinzip verfahren:

Nur die Härtesten kommen durch. Mit der *natürlichen Atemtechnik* und dem Erklären der Ängste haben aber nicht nur die »Harten« Gelegenheit, schnell, sicher und entspannt tauchen zu lernen. Tauchen kann jeder, der die gesundheitlichen Voraussetzungen mitbringt. Allerdings benötigen die Beginner zunächst die Aufmerksamkeit eines geduldigen Tauchlehrers. Ein Tauchlehrer kann aber nur dann hinreichend auf den Schüler eingehen, wenn die Gruppe nicht zu groß ist.

Zwei bis drei Anfänger im Unterricht sind ideal. Einzelunterricht kann aus einem hoffungslosen Fall einen begeisterten Sporttaucher machen. Vier bis sechs Beginner sind zuweilen machbar. Manchmal reißen die Besseren die Schwächeren mit. Doch kann es auch sein, daß ein ängstlicher Anfänger sich überfordert fühlt und mehr Zuwendung braucht. Dann muß die Gruppe aufgeteilt werden.

Der Zeitaufwand für einen Tauchkurs mit der *natürlichen Atemtechnik* ist der gleiche wie bei allen anderen Tauchkursen. Es werden nur andere Prioritäten gesetzt. Atemtechnik, körperliche Entspannung und die **streßfreie** Durchführung der Grundübungen (ohne Maske tauchen, Maske ausblasen, Wechselatmung) stehen im Vordergrund. Für einen kleineren oder mittleren Tauchbetrieb ist es durchaus lohnend, mit einer Methode auszubilden, die ein wesentlich breiteres Publikum anspricht. Aus Tauchanfängern werden »richtige« Taucher. Angstfrei zu tauchen macht Spaß, also tauchen sie öfters.

Abgesehen von der kommerziellen Betrachtensweise bietet die Tauchausbildung mit der *natürlichen Atemtechnik* und die Beschäftigung mit den Emotionen der Tauchschüler einen anderen Vorteil:

> *Der Beruf Tauchlehrer kann wieder zum Traumjob werden,*
> *wenn du hinter starren Modulen, Technik und Umsatzzahlen*
> *das Abenteuer Mensch entdeckst!*

Anhang

Das Gesetz von Boyle-Mariotte

»Bei gleichbleibender Temperatur ist das Produkt aus Druck und Volumen für eine abgeschlossene Gasmenge konstant.«

So lautet das Boyle-Mariottesche Gesetz, das wichtigste physikalische Gesetz für den Taucher.

An der Meeresoberfläche herrscht ein Umgebungsdruck von 1 bar. Das bedeutet, auf einem Quadratzentimenter lastet ein Kilogramm Luft. Im Wasser nimmt der Druck alle 10 Meter um 1 bar zu. In 10 Meter Tiefe haben wir einen Umgebungsdruck von 2 bar, in 20 Meter 3 bar, in 30 Meter 4 bar usw. Diese Rechnung ist einfach: Wassertiefe geteilt durch 10 plus 1. Wir müssen ja zum Wasserdruck 1 bar Luftdruck hinzufügen.

Angenommen, wir hätten einen Luftballon, der mit 10 Liter Luft gefüllt wäre. Würden wir diesen unter Wasser drücken, hätte der Luftballon in 10 Meter Tiefe nur noch das halbe Volumen (5 Liter), denn es wirkt doppelt soviel Umgebungsdruck auf ihn ein wie an der Oberfläche. In 20 Meter hätte der Luftballon nur noch $1/3$ Volumen (3,3 Liter) bei dreifachem Umgebungsdruck. In einer Tiefe von 30 Meter ist unser Ballon gar auf $1/4$ geschrumpft (2,5 Liter), der Umgebungsdruck ist viermal so stark wie an der Oberfläche. Lassen wir unseren Ballon wieder aufsteigen, vergrößert sich das Volumen im gleichen Verhältnis, wie der Umgebungsdruck abnimmt.

Nun stellen wir uns einen Taucher vor mit einem Lungenvolumen von 5 Liter. Er sitzt in 10 Meter Tiefe und atmet aus einer Preßluftflasche. Natürlich füllt

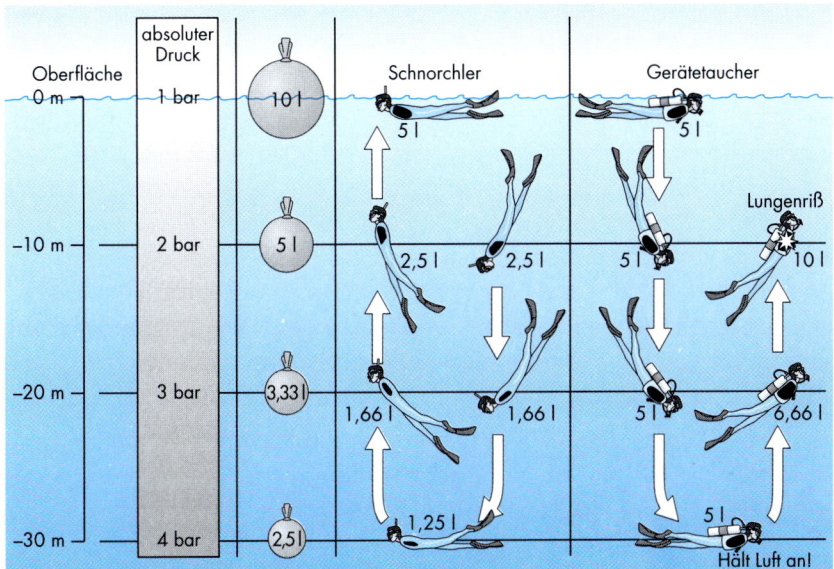

Das Boyle-Mariottesche Gesetz und seine Auswirkung auf den Gerätetaucher und den Freitaucher.

er bei jedem Atemzug seine Lunge voll, er hat ja genügend Luft zur Verfügung. Taucht er nun aus irgendeinem Grund bis zur Wasseroberfläche, ohne auszuatmen, hätte er rein theoretisch 10 Liter Luft in der Lunge. Rein praktisch hält das die beste Lunge nicht aus. Es würde zu einem Lungenriß kommen. Dieses Beispiel zeigt, wie wichtig das Verständnis des Boyle-Mariotteschen Gesetzes für den Taucher ist.

Beim Freitauchen ohne Preßluft sieht die Sache anders aus. Der Schnorchler atmet an der Oberfläche ein und hält die Luft beim Abtauchen an. Die Luft in seiner Lunge wird durch den Wasserdruck zusammengedrückt, das Lungenvolumen verringert sich im Verhältnis des zunehmenden Wasserdrucks. Beim Auftauchen dehnt sich die Luft wieder auf das ursprüngliche Volumen aus. Beim Schnorcheltauchen kann es also nicht zu einem Lungenüberdruckunfall kommen.

Betrachten wir die Abbildung des Boyle-Mariotteschen Gesetzes, können wir erkennen, daß der größte Druckunterschied in den ersten Metern liegt. Zwischen 0 Meter und 10 Meter verdoppelt sich der Druck. Hingegen verdoppelt er sich erst wieder zwischen 10 und 30 Meter (von 2 auf 4 bar), dann zwischen 30 und 70 Meter (von 4 auf 8 bar). Die kritischste Tiefe für alle Druckverletzungen (Barotraumen) liegt also in den ersten 10 Metern. Vielleicht ist dir schon aufgefallen, daß du gerade in den ersten Metern öfters den Druckausgleich machen mußt als etwa zwischen 10 und 20 Meter.

Auch auf deinen Luftvorrat hat das Boyle-Mariottesche Gesetz Einfluß. Würdest du beispielsweise an der Oberfläche 4 Liter Luft pro Atemzug verbrauchen, so bräuchtest du auf 10 Meter schon 8 Liter bei jedem Atemzug, denn deine Lunge wird bei gleichbleibendem Volumen unter doppeltem Druck gefüllt.

Barotraumen

Baro heißt Druck, *Trauma* heißt Verletzung. Alle Verletzungen, die durch Druck entstehen, nennen wir Barotraumen. Unser Körper besteht größtenteils aus Flüssigkeit. Flüssigkeit läßt sich nicht zusammendrücken. Deshalb könnte man theoretisch unendlich tief tauchen, ohne vom Wasserdruck zerquetscht zu werden, vorausgesetzt, wir hätten genug Luft, um in allen Hohlräumen unseres Körpers den entsprechenden Umgebungsdruck herzustellen. Barotraumen können überall dort auftreten, wo unser Körper mit Luft gefüllt ist.

Lungenbarotrauma

Das gefährlichste Barotrauma ist der Lungenüberdruck, der einen Lungenriß zur Folge hat. Diese Verletzung kann nur beim Gerätetauchen auftreten, nicht jedoch beim Schnorcheln (siehe S. 137). Zum Lungenriß kann es kommen, wenn ein Taucher auftaucht, ohne die beim Aufstieg expandierende Luft auszuatmen. In seltenen Fällen können auch Erkrankungen der Atemwege den Luftabfluß behindern.

Barotrauma des Trommelfells

Am deutlichsten wird uns der Wasserdruck in den Ohren bewußt. Schon auf weniger als 1 Meter Tiefe spüren wir ein leichtes Druckgefühl am Trommelfell. Würden wir tiefer gehen, ohne etwas dagegen zu unternehmen, würde sich der Druck verstärken, wir würden Schmerzen bekommen, und schließlich würde das Trommelfell der Spannung nicht mehr widerstehen können und platzen. Deshalb müssen wir den Druckausgleich durchführen. Beim Druckausgleich pressen wir Luft durch die Eustachische Röhre ins Mittelohr, so daß der innere Luftdruck dem äußeren Wasserdruck entspricht und das Trommelfell wieder in seiner natürlichen Position verweilt.

Eine Erkältung kann zum Verschluß der Eustachischen Röhre führen. Läßt sich beim Abtauchen kein Druckausgleich durchführen, muß auf den Tauchgang verzichtet werden. Manchmal macht sich die Blockade erst beim Aufstieg bemerkbar: Der sich ausdehnende Druck kann nicht schnell genug entweichen. Taucht man dann zu schnell auf, kann es zum Trommelfellriß von innen nach außen kommen. Spürst du beim Auftauchen ein Druckgefühl im Ohr, hilft nur sehr langsames Auftauchen. In seltenen Fällen ist die Eustachische Röhre so stark zugeschwollen, daß die Luft überhaupt nicht mehr ausströmen kann.

Auf keinen Fall darf man beim Tauchen Ohrenstöpsel benutzen. In dem luftgefüllten Raum zwischen Stöpsel und Trommelfell würde beim Abstieg ein relativer Unterdruck entstehen. Die Folge wäre ein Unterdruckbarotrauma des Trommelfells.

Barotrauma im Maskeninnenraum

Mit der Tauchermaske wird ein künstlicher, luftgefüllter Hohlraum außerhalb des Körpers geschaffen. Aber auch dieser unterliegt den Druckgesetzen. Steigt der Wasserdruck von außen an, entsteht ein Unterdruck im Maskeninnenraum. Die Sogwirkung kann Verletzungen der Bindehaut in den Augen hervorrufen. In Extremfällen kann es durch ein Maskenbarotrauma auch zu Sehstörungen kommen. Tauchen wir ab, müssen wir gelegentlich durch die Nase ausatmen, um den Druckunterschied auszugleichen.

139

Barotrauma der Nebenhöhlen

In unserem Schädel befinden sich Knochen, die innen hohl sind und mit dem Mund-Nasen-Rachenraum in Verbindung stehen: Stirnhöhlen, Kieferhöhlen, Keilbein, Siebbeinzellen und Warzenfortsatzzellen. Normalerweise dringt in diese Nebenhöhlen beim Abtauchen der Luftdruck ein und entweicht beim Auftauchen wieder, ohne daß wir etwas davon spüren. Haben wir eine Erkältung, ist es möglich, daß die Schleimhäute in den Nebenhöhlen angeschwollen sind. In diesem Fall kann der Luftdruck nur langsam oder gar nicht eindringen. So entsteht, wenn wir abtauchen, ein schmerzhafter Unterdruck. Meist macht sich dieser stechende Schmerz schon auf den ersten Metern bemerkbar. Dann sollte unbedingt auf den Tauchgang verzichtet werden. Zwar stellt sich oft der Druckausgleich ein, wenn man langsam genug absinkt. Aber es besteht die Gefahr, daß die expandierende Luft beim Hochsteigen nicht mehr entweichen kann, was dann zu einem äußerst schmerzhaften Nebenhöhlenbarotrauma führt.

Barotrauma im Zahn

In seltenen Fällen weisen Zähne, die mit Füllungen versehen sind, kleinste Lufteinschlüsse und Risse auf. Dadurch tritt der Luftdruck nur langsam ein und aus. Es kommt zu Zahnschmerzen. Unter Umständen kann sich auch die Plombe lösen und herausfallen. Abhilfe kann nur der Zahnarzt schaffen, indem er die schadhafte Füllung erneuert.

Dekompressionskrankheit

Beim Sporttauchen verwenden wir nicht – wie vom Laien manchmal angenommen – Sauerstoff, sondern Preßluft. Preßluft ist normale Atemluft, vom Kompressor in die Flasche gepreßt. Atemluft besteht aus 78 % Stickstoff (N), 21 % Sauerstoff (O), der Rest sind Kohlendioxid (CO_2) und Edelgase.

Nur 4 % des Sauerstoffs gehen im Körper eine chemische Verbindung ein und werden als Kohlendioxid wieder abgegeben. Der restliche Sauerstoff und der Stickstoff dienen unter normalen Umständen lediglich als Füllgase. Das ändert sich allerdings, sobald unser Körper Druck ausgesetzt ist, wie beim Tauchen. Der menschliche Körper besteht größtenteils aus Flüssigkeit. Stickstoff hat die Eigenschaft, sich in Flüssigkeit zu lösen, wenn diese unter Druck steht. Wieviel Stickstoff eine Flüssigkeit aufnimmt, hängt von zwei Faktoren ab: Erstens von der Stärke des Drucks (Tauchtiefe) und zweitens von der Zeit, in der der Druck auf die Flüssigkeit einwirkt.

Hat unser Körper eine gewisse Menge Stickstoff aufgenommen und wir entlasten den Druck zu schnell, indem wir zu rasch auftauchen, kann der Stickstoff Blasen bilden. Das ist der gleiche Effekt, als wenn man eine Sprudelflasche öffnet. Die gelöste Kohlensäure perlt aus. Diese Stickstoffblasenbildung nennen wir Dekompressionskrankheit. Es gibt verschiedene Symptome:

Taucherflöhe
Gasblasen unter der Haut und dem Unterhautfettgewebe. Die Folge: Rötung der Haut, starker Juckreiz.

Bends
Gasblasen in den Gelenken, meist Schulter- oder Ellenbogengelenken. Die Folge: Gelenkschmerzen, Taubheitsgefühl, Kribbeln und Muskelschwäche.

Neurologische Manifestationen
Gasblasen im Rückenmark oder Gehirn. Die Folge: Lähmungen und Schädigungen des Gehirns.

Chokes
Gasblasen in der Blutbahn. Die Folge: Gas- und Fettembolien.

> *Nach Erste-Hilfe-Maßnahmen mit der Gabe von reinem Sauerstoff ist eine Behandlung in einer Dekompressionskammer unumgänglich.*

Um Dekompressionsunfälle zu vermeiden, sollten wir **ausschließlich in der Nullzeit tauchen.** Nullzeit ist die Zeit, in der wir auftauchen können, ohne Auftauchpausen einzuhalten.

Tauchen wir länger als die Nullzeit, kommen wir in die sogenannte **Dekozeit.** Das heißt, man darf nicht direkt auftauchen, sondern muß auf bestimmten Tiefen (9, 6 und 3 Meter) Dekostops einhalten. Ein Dekotauchgang birgt immer die Gefahr, daß die Dekostops nicht eingehalten werden können, sei es, der Luftvorrat reicht nicht, dem Taucher wird übel unter Wasser, er gerät in Panik oder Brandung und Strömung verhindern das Verweilen in der angegebenen Tiefe.

> *Die Nullzeiten für die entsprechenden Tauchtiefen sowie die Dekozeiten und -stops lassen sich anhand einer Dekotabelle oder eines Tauchcomputers ermitteln.*

Internationale Handsignale

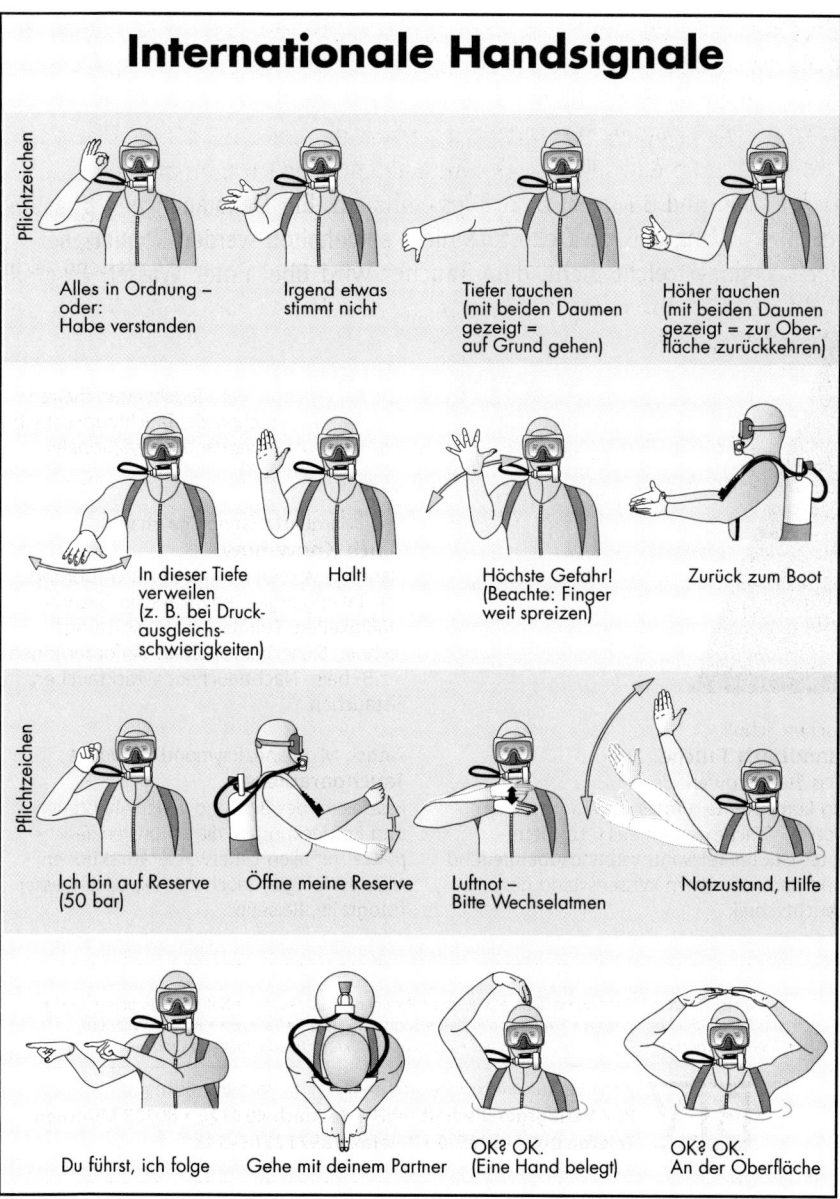

Alles in Ordnung –
oder:
Habe verstanden

Irgend etwas
stimmt nicht

Tiefer tauchen
(mit beiden Daumen
gezeigt =
auf Grund gehen)

Höher tauchen
(mit beiden Daumen
gezeigt = zur Ober-
fläche zurückkehren)

In dieser Tiefe
verweilen
(z. B. bei Druck-
ausgleichs-
schwierigkeiten)

Halt!

Höchste Gefahr!
(Beachte: Finger
weit spreizen)

Zurück zum Boot

Pflichtzeichen

Ich bin auf Reserve
(50 bar)

Öffne meine Reserve

Luftnot –
Bitte Wechselatmen

Notzustand, Hilfe

Du führst, ich folge

Gehe mit deinem Partner

OK? OK.
(Eine Hand belegt)

OK? OK.
An der Oberfläche

Die Unterwasserwelt entdecken

Dennis K. Graver
Die moderne Tauchschule
Mit Sicherheit mehr Tauchvergnügen:
erstklassiges Lehrbuch mit dem Know-how
für Ausbildung und Praxis – didaktisch
besonders gut aufbereitet, umfassend, leicht
verständlich und aktuell.

Rudolf B. Holzapfel
Richtig Tauchen
Tauchmedizin, Physik, Taucherkrankheiten,
Ausrüstung, Tauchpraxis, Tauchtauglichkeit;
empfohlen vom Verband Internationaler
Tauchschulen (VIT).

Rudi Marquart/Hanno Thallmair
Tauch Know-how
Planung, Vorbereitung und Durchführung
von Tauchgängen: physikalische Gesetz-
mäßigkeiten, Geräte- und Ausrüstungs-
technik, Sicherheit, spezielle Anforderungen
– z.B. beim Nachttauchen, Wracktauchen,
Eistauchen.

Jochen Scholl
Handbuch Tauchen
Das Standardwerk der Superlative: einzigar-
tig kompetente, umfassende Information
von 26 Tauchexperten aus 6 Ländern –
international relevant, verbandsübergreifend
und nach neuestem Wissensstand der
Tauchtechnik.

Patrick Mioulane/Raymond Sahuquet
Tauchparadiese
Faszinierender Bildband voller Abenteuer
und Entdeckungen: die schönsten Tauch-
plätze mit allen Unterwasserattraktionen;
Meeresbiologie, Tauchtechnik, Unterwasser-
fotografie, Reisetips.
